Guérir de son héritage transgénérationnel

Un guide pratique de psychogénéalogie pour se libérer des blessures familiales

TRANSLAB EDITION
Première Edition 2025
Dépôt Légal Novembre 2025
ISBN 979-10-977373-1-3

« Ce que les générations passées ont tu, le corps se charge souvent de le raconter. Explorer notre héritage, c'est offrir à la mémoire familiale un espace pour respirer, et à l'avenir, la chance d'un nouveau départ apaisé. »

Anne MISCOLIEU

REMERCIEMENTS

À Léa, tu es plus qu'une amie.

Tu m'as offert ta confiance, ton histoire, tes doutes, tes découvertes. Tu m'as laissé entrer dans l'intimité de ton chemin de libération, et tu m'as permis de le partager avec le monde.

Ce livre est le fruit de notre rencontre, de nos longs échanges riches et fournis, entre ton expérience vécue et ma volonté de rendre la psychogénéalogie accessible au plus grand nombre. Afin de préserver ton anonymat, ton nom de famille, certains éléments de lieux, et de monuments ont été remplacés.

Merci, Léa. Merci d'avoir accepté que ton histoire éclaire celle de milliers d'autres personnes, sans toi, cet ouvrage n'existerait pas.

À ma famille, socle de mon existence et de ma résilience.

Vous avez été les témoins de cette aventure. Vous avez accepté que je m'immerge dans les profondeurs de la transmission transgénérationnelle, que je fouille dans les héritages invisibles, que je questionne les silences et les non-dits, y compris les nôtres.

Votre amour, votre présence, votre patience ont été pour moi un ancrage essentiel.

Merci d'avoir cru en moi. Merci d'avoir été là. Merci d'être ma famille.

À tous ceux qui liront ce livre, merci de m'accorder votre confiance. Merci d'oser, à votre tour, regarder votre propre lignée avec lucidité et bienveillance. Merci de transformer vos héritages en tremplins, vos traumatismes en résilience, vos silences en paroles libératrices.

Ce livre est pour vous.

AVERTISSEMENTS

Ce livre est un outil d'exploration, pas une prescription.

La psychogénéalogie est une approche transgénérationnelle qui propose une lecture singulière de l'histoire familiale. Elle permet de mettre en lumière des schémas répétitifs, des héritages émotionnels, des transmissions inconscientes qui peuvent éclairer certaines difficultés personnelles, comme des blocages professionnels, des relations conflictuelles, des angoisses inexpliquées ou encore des maladies récurrentes.

Mais elle a ses limites.

<u>La psychogénéalogie ne remplace en aucun cas :</u>

- Un suivi médical pour toute pathologie physique ou psychiatrique.
- Une psychothérapie classique.
- Un traitement médicamenteux prescrit par un professionnel de santé.

Elle n'est pas une science exacte. Elle propose des hypothèses, des éclairages, des pistes de réflexion. Elle ne livre pas de vérités absolues. Ce que vous découvrirez dans ce livre est une invitation à regarder différemment votre histoire familiale, pas un diagnostic immuable.

La psychogénéalogie n'est pas un tribunal.

Ce travail ne vise pas à rendre les générations précédentes responsables de vos souffrances. Il ne s'agit pas de chercher des coupables, de pointer du doigt vos parents, vos grands-parents, ou vos ancêtres.

Il s'agit de comprendre.

Les schémas que vous avez hérités ne sont pas des malédictions. Ce sont des transmissions. Vos ancêtres ont fait ce qu'ils ont pu avec les outils, les ressources et les traumatismes qui étaient les leurs. Ils vous ont transmis à la fois des fardeaux et des forces.

La psychogénéalogie vous invite à :

- Regarder avec lucidité ce qui a été transmis.
- Accueillir avec compassion ceux qui vous ont précédés.
- Vous libérerez consciemment des loyautés invisibles qui vous entravent.
- Transmettre différemment aux générations futures.

Toutes les transmissions ne sont pas toxiques.

Si ce livre se concentre sur les blocages, les non-dits, les traumatismes, c'est parce que ce sont eux qui font souffrir et qui nécessitent un travail de réparation.

Mais n'oubliez jamais ceci : votre lignée vous a aussi transmis des ressources immenses.

Des talents. Des valeurs. Des résiliences. Des joies. Des capacités à aimer, à créer, à résister, à se relever.

La psychogénéalogie ne consiste pas à tout déconstruire, mais à trier consciemment pour garder ce qui nourrit, et se libérer de ce qui nous entrave.

Comment utiliser ce livre ?

Ce livre est conçu comme un guide pratique et initiatique. Il alterne entre :

- Le récit de Léa (inspiré d'une histoire vraie).
- Des apports théoriques (pour comprendre les concepts de la psychogénéalogie).
- Des exercices pratiques (pour appliquer ces concepts à votre propre histoire).

Vous pouvez :

- Le lire d'une traite, comme un roman.
- Le lire chapitre par chapitre, en prenant le temps de faire les exercices.
- Revenir sur les passages qui vous touchent particulièrement.
- Le partager avec des proches, si cela vous semble juste.

Mais n'oubliez jamais :

- Allez à votre rythme. Certaines découvertes peuvent être bouleversantes. Si un exercice vous semble trop difficile, mettez-le de côté et revenez-y plus tard.

- **Faites-vous accompagner**. Si ce travail réveille des émotions trop intenses, si vous vous sentez submergé, consultez un thérapeute formé à la psychogénéalogie.
- **Ne vous isolez pas.** Parler de vos découvertes avec des personnes de confiance peut être précieux.

Un dernier mot,

Ce livre est né d'une rencontre, d'une histoire, d'un désir profond de transmettre ce que j'ai compris, ce qui m'a libérée, ce qui peut aider d'autres.

Mais votre histoire n'est pas la mienne, ni celle de Léa. Vos blocages, vos ressources, vos héritages sont uniques.

Prenez ce qui résonne. Laissez le reste.

La psychogénéalogie n'est pas une vérité révélée. C'est un outil d'exploration intime.

Pour prolonger votre travail intérieur, j'ai enregistré pour vous trois méditations inédites, conçues pour vous accompagner lors de votre libération transgénérationnelle:

- Une méditation d'ancrage
- Une méditation de libération transgénérationnelle
- Une méditation de gratitude envers vos ancêtres

Ces audios sont offerts pour prolonger votre travail intérieur, à votre rythme.

Comment accéder à vos trois méditations offertes ?

1. Scannez le QR code ci-dessous
2. Téléchargez immédiatement vos méditations

Ce bonus est ma manière de vous remercier pour votre lecture et votre confiance.

Anne MISCOLIEU

DONNEZ VOTRE AVIS

Si ce livre vous a touché, éclairé ou accompagné… faites le savoir !

Chaque avis sincère contribue à faire émerger cet ouvrage et à le faire découvrir à ceux qui en ont besoin.

Laissez votre avis en 2 minutes :

Scannez ce QR code avec votre smartphone ou votre tablette, vous serez redirigé vers la page de commentaire d'Amazon :

FLASHEZ MOI

Soyez authentique. En partageant votre expérience, vous devenez passeur à votre tour.

Anne MISCOLIEU

Sommaire

« Ce que les générations passées ont tu, le corps se charge souvent de le raconter. Explorer notre héritage, c'est offrir à la mémoire familiale un espace pour respirer, et à l'avenir, la chance d'un nouveau départ apaisé. »

Anne MISCOLIEU

PRÉAMBULE

Sentez-vous parfois un poids sur vos épaules dont vous ne connaissez pas l'origine ? Vous êtes-vous déjà surpris à rejouer, encore et encore, le même scénario d'échec, de sabotage ou de solitude, comme si une force invisible dictait vos pas ? Avez-vous l'intuition que cette anxiété qui vous étreint, cette difficulté à trouver votre place ou cet obstacle qui se dresse sans cesse sur votre chemin, est l'écho d'un drame plus ancien, une histoire qui n'a pas commencé avec vous ?

Si ces questions résonnent en vous, ce n'est pas un hasard. Vous êtes à la porte d'une compréhension plus vaste que votre seul être. Nous ne sommes pas des êtres solitaires, nous ne sommes pas nés du néant. Nous sommes les héritiers d'un roman familial, les dépositaires de joies immenses, mais aussi de secrets, de traumatismes non guéris et de loyautés silencieuses qui se transmettent de génération en génération.

Cet héritage invisible, est le champ d'étude de la psychogénéalogie. Loin d'être une fatalité, il est une carte qui, une fois déchiffrée, nous offre les clés de notre propre libération. Les fantômes de notre arbre ne demandent pas à nous hanter ; ils cherchent la paix. Et c'est en leur offrant cette paix que nous trouvons la nôtre.

Ce livre n'est pas un traité théorique de plus. C'est un atelier. Un voyage initiatique au cœur de votre histoire, conçu pour vous rendre le pouvoir sur votre vie et vos choix. Pendant des années, j'ai vu combien cette quête était universelle. J'ai acquis la conviction que pour guérir, il ne suffit pas de comprendre ; il faut ressentir, agir et transformer. Transformer, pour utiliser nos héritages comme la ressource première pour créer autre chose.

C'est pourquoi notre périple s'articulera, à chaque chapitre, autour de quatre temps essentiels, comme les quatre points cardinaux d'une boussole intérieure :

1. **Le Récit.** Nous suivrons les pas de Léa, une architecte au sommet de sa carrière dont la vie se fissure soudainement, la forçant à plonger dans le passé de sa lignée. Son histoire sera notre fil rouge, l'incarnation vivante des concepts que nous explorerons.
2. **Le Miroir du lecteur.** Après chaque étape du voyage de Léa, des questions ciblées vous inviteront à observer les résonances dans votre propre vie. Un face-à-face intime pour commencer à nommer vos propres schémas.
3. **L'Atelier intérieur.** Parce que la prise de conscience est le premier pas, mais pas le dernier. Des exercices pratiques et concrets vous permettront de passer de la tête au corps, de l'analyse à l'action, pour commencer à dénouer les fils de votre histoire.
4. **L'Apport de la psychogénéalogie.** Enfin, nous poserons des mots clairs sur les mécanismes à l'œuvre. Je vous donnerai les concepts essentiels de la psychogénéalogie, qui vous serviront

d'encrage pour votre cheminement transgénérationnel.

Ensemble, nous apprendrons à **prendre conscience de la transmission**, à en identifier les symptômes qui sont les messagers de nos aïeux. Nous explorerons des **approches thérapeutiques** et des **rituels de guérison** symboliques pour honorer le passé sans le répéter. Nous verrons comment certains **soins, qu'ils soient énergétiques ou alchimiques**, peuvent agir sur les mémoires cellulaires pour rétablir un équilibre rompu bien avant notre naissance.

Ce livre est exigeant, car la liberté a un prix : celui du courage de regarder en face ce qui a été caché. Il vous demandera de devenir l'archéologue bienveillant de votre âme et l'enquêteur lucide de votre clan.

Le but n'est pas de blâmer nos ancêtres, mais de leur rendre leur juste part de fardeau, et de ne plus porter ce qui ne nous appartient pas. C'est un acte d'amour pour eux, pour nous, et pour les générations à venir.

La porte est ouverte. La plume est à vous. Êtes-vous prêt à commencer votre enquête transgénérationnelle ?

Comment accéder à vos trois méditations offertes ?

1. Scannez le QR code ci-dessous
2. Téléchargez immédiatement vos méditations

Ce bonus est ma manière de vous remercier pour votre lecture et votre confiance.

Anne MISCOLIEU

PARTIE I - LA CHUTE

Chapitre 1 – Les fissures du rêve

Le récit de Léa : *L'effondrement*

Le Grand Prix d'Architecture est à l'architecture ce que le César est au cinéma. Pour Léa, ce prix représentait bien plus : la certitude d'obtenir la reconnaissance de ses pairs, la promesse de projets ambitieux, le catalyseur d'une carrière bâtie avec une discipline de fer. Elle n'avait pas encore choisi le projet qu'elle présenterait lors du grand jury, mais elle était convaincue que le moment venu elle saurait.

À trente-deux ans, son nom circulait déjà avec respect dans la profession, qui commençait à peine à s'ouvrir aux femmes. On ne la présentait plus comme « une femme architecte », mais comme Léa Cortavo. Son nom était devenu synonyme de qualité, une véritable signature. Son génie résidait dans sa maîtrise de la lumière. Telle une artiste, elle transformait les espaces, sculptait les volumes en jouant avec les ombres et les lumières. Cette obsession de la lumière lui venait de sa passion pour les vitraux, dont l'art séculaire lui inspirait des designs audacieux et colorés. Léa aimait réhabiliter les bâtiments, les réparer, les magnifier, participant ainsi à la préservation du patrimoine français dont elle s'était fait un objectif de carrière. Cinq ans plus tôt, elle avait rejoint l'un des cabinets lyonnais les plus prestigieux en matière de restauration et de conservation du patrimoine. Aujourd'hui, on murmurait dans les couloirs qu'elle était l'héritière désignée, celle qui reprendrait la direction du cabinet au départ à la retraite des fondateurs.

Le parcours de Léa était un sans-faute vertigineux. Des études brillantes, une volonté acharnée d'être la meilleure. Toujours. Major de promotion, non par orgueil, mais par nécessité. Comme si ralentir, ne serait-ce qu'un instant, signifiait disparaître.

Pourtant, depuis plusieurs mois, une fissure était apparue dans l'édifice impeccable de sa vie. Une lassitude poignante le matin. Une anxiété sourde qui lui serrait la gorge au milieu de la journée. Le sentiment vertigineux d'avoir atteint un plafond de verre invisible. La sensation d'être une imposture sur le point d'être démasquée.

Et puis il y avait ce cauchemar. Chaque nuit, le même rituel de destruction. Elle était dans la maison de ses rêves, une architecture aux volumes soigneusement pensés pour mettre en valeur les ombres et les lumières. Et soudain, un craquement sinistre. Les murs se lézardaient, le plafond se disloquait, et tout s'effondrait dans un fracas assourdissant, transformant la maison parfaite en un tas de gravats baignant dans un épais nuage de poussière cotonneux et âcre.

Elle se réveillait en sueur, le cœur battant à tout rompre. Seule. Au milieu des ruines de sa propre perfection. La poussière lui collait encore à la gorge.

Un mauvais présage ?

La réponse s'imposa à elle un lundi matin. Sur le chantier de ce futur bâtiment public, l'air était déjà lourd. Le poids des enjeux politiques municipaux, la tension entre les corps de métier, tout était palpable. Léa, casque vissé sur la tête, tentait de maintenir le cap au milieu des regards froids et des discussions techniques houleuses.

C'est alors qu'un bruit sec, sinistre, déchira l'air. Un craquement qui sembla venir des entrailles de la terre. Les cris des ouvriers fusèrent, désordonnés, paniqués. Léa eut juste le temps de pivoter pour voir naître une balafre en forme d'éclair sur le béton brut. Elle vit le mur qu'elle avait elle-même dessiné s'ouvrir comme une plaie béante. Puis, dans un grondement sourd, il s'affaissa sur lui-même, vomissant un épais nuage de poussière opaque.

Autour d'elle, c'était le chaos.

Pourtant, en Léa, un silence absolu s'installa. Figée, incapable du moindre mouvement, elle sentait la terre se dérober sous ses pieds. Ce n'était pas seulement le mur qui venait de céder. C'était une digue en elle. Le chaos extérieur n'était que le reflet assourdissant de son propre désastre intérieur. Les cris, les ordres qui fusaient autour d'elle ne formaient plus qu'un bruit de fond. Elle ne voyait que la poussière blanche qui retombait lentement, comme un linceul sur ses certitudes.

C'était l'effondrement de trop. Cet incident de chantier, par effet de miroir, renvoya à Léa l'image de sa propre fragmentation intérieure. L'obtention du Grand Prix d'Architecture devenait illusoire.

Le miroir du lecteur : *Quand les symptômes parlent*

Au travers de cette première incursion dans la vie de Léa, nous pouvons mettre en évidence plusieurs syndromes, agissant comme les porte-voix de traumas non-résolus dans sa lignée, qui lui ont été transmis de manière inconsciente.

La perfection comme lourd héritage : La course effrénée de Léa vers l'obtention du Prix d'Architecture, témoigne de sa quête de consécration, ainsi que de l'attachement qu'elle porte à la perfection et à la reconnaissance de son travail. De sa « nécessité » d'être perpétuellement Major de promotion peut transparaître une injonction familiale transgénérationnelle. Cette injonction pourrait faire écho au souhait de redorer le blason familial terni, voire encore le désir d'une lignée de s'affranchir d'un état ou d'un milieu social qui ne la mettrait pas en valeur. Elle pourrait aussi traduire le désir d'atteindre une reconnaissance qu'un ancêtre n'a jamais pu obtenir.
Ainsi, le désir de perfection de Léa n'est pas un choix : c'est une dette inconsciente, l'héritage d'un trauma qui n'appartient pas à Léa.
Le syndrome de l'imposteur ou la peur de trahir : Léa, se réveille chaque matin avec la sensation étrange d'être une imposture, sur le point de se faire démasquée. Parallèlement, elle ressent un malaise inconfortable : celui d'avoir atteint son plafond de verre, cette impression d'être arrivée au bout de ses possibilités sans avoir l'énergie nécessaire pour dépasser cette situation. Ces symptômes sont souvent les manifestations classiques observées chez ceux, ou celles, qui transgressent une loyauté familiale invisible. La réussite professionnelle de Léa, peut être ressentie comme « la

trahison » d'une ligne d'hommes ou de femmes qui n'ont pas eu accès à cette liberté de choix, à cette indépendance professionnelle, ou encore à la possibilité de s'accomplir par eux-mêmes.
Ce sentiment peut également être lié à une histoire familiale où la réussite était synonyme de malheur. De ce fait, la réussite de Léa, la place, en dehors du cercle familial établi. Nourrissant ainsi ce sentiment d'illégitimité relevant de l'imposture, et de cette impression de buter contre un plafond verre, comme une limite qu'elle ne devrait pas, ou ne pourrait pas, franchir.

<u>Le rêve de destruction ou la mémoire traumatique à l'œuvre :</u> Le rêve récurrent de Léa, manifeste, un décalage entre la volonté de créer et son inconscient destructeur. Ce cauchemar hautement symbolique traduit à la fois du projet de réparation que Léa porte en elle (sa réussite), mais aussi la mémoire d'une destruction (le traumatisme de l'ancêtre).
Cette répétition onirique de l'effondrement, par l'écroulement de la bâtisse peut renvoyer à un effondrement réel ou à une rupture majeure dans l'histoire familiale : une maison détruite par la guerre, ou encore une entreprise ayant fait faillite ou encore un patrimoine perdu…

<u>L'effondrement final ou la synchronicité :</u> La fissuration puis l'effondrement du mur, lors de la réunion de chantier de Léa, viennent matérialiser ses propres fissurations intérieures. Cet événement n'est pas un hasard : en psychogénéalogie, on parle de « synchronicité ».

L'atelier intérieur : *Cartographier vos fissures*

1- Prenez un carnet, et notez sans filtre :

- Un schéma d'échec qui se répète dans votre vie (l'échec peut être professionnel, amoureux, familial …)
- Une peur irrationnelle ou une angoisse récurrente
- Un symptôme physique chronique
- Un rêve répétitif

2- A côté de chaque annotation, posez-vous cette question : « Et si cette histoire n'avait pas commencé avec moi ? ». Développez-la réponse de manière intuitive, ne vous freinez pas dans votre écriture.

Objectif de l'Atelier :

Cet atelier est un premier pas vers une quête essentielle : la reconquête de soi. En identifiant et en examinant, vos situations de blocage, vous serez invité à en découvrir l'origine, et à réaliser qu'elles ont peut-être commencé avant vous. Vous n'êtes que l'héritier de schémas et de blessures transgénérationnelles restés sans résolution.

Cet exercice est un acte de courage permettant, non pas de réaliser un inventaire de vos faiblesses, mais bien, de révéler les dettes invisibles et les loyautés inconscientes qui vous ont été transmises.

Cette étape est la première marche vers la prise de conscience que certains événements ne nous arrivent pas par hasard.

L'apport de la psychogénéalogie : *Le symptôme comme messager*

La psychogénéalogie avance l'idée que nos troubles comportementaux et émotionnels, peuvent être les résurgences de traumatismes et blessures subis par nos ancêtres. Ces blessures émotionnelles, psychologiques, non guéries peuvent faire partie d'un héritage invisible, se transmettant de génération en génération, de manière inconsciente. Les symptômes en découlant agissent sont les messagers de ces traumas non résolus et transmis à notre insu.
Au cœur de la psychogénéalogie se trouve l'étude de ses symptômes, avec pour objectif vous aider à libérer votre mémoire familiale de ses blessures et traumas en identifiant les symptômes hérités ; afin de parvenir à la guérison de votre lignée.

Les traumatismes transgénérationnels peuvent se manifester par des symptômes, prenant la forme de sentiments inexplicables ou de réactions émotionnelles parfois disproportionnées. Ces émotions sont souvent liées à des évènements survenus dans l'histoire familiale, même si elles ne sont pas toujours identifiables immédiatement. Elles peuvent, par exemple, se traduire par :
. Des **peurs irrationnelles**, sans raisons évidentes (une peur excessive de l'abandon, de l'échec…)
. Une **tristesse ou une mélancolie sans cause apparente**, pouvant provenir d'un souvenir émotionnel hérité.
Certains **comportements irrépressibles**, répondant à une logique inconsciente, peuvent également être les messagers, d'un héritage transgénérationnel. C'est le cas,

notamment quand nous entretenons des relations toxiques (abusives ou déséquilibrées) ou lorsque nous reproduisons des schémas destructeurs. Cette répétition peut être le mécanisme inconscient permettant de revivre une situation dans l'espoir de résoudre un conflit familial ancien et hérité.

Sur le plan physique, les mémoires transgénérationnelles peuvent s'inscrire dans le corps et se manifester par des douleurs chroniques ou de maladies inexpliquées médicalement. Ainsi, un ancêtre ayant vécu une perte ou un traumatisme majeur (une guerre, une spoliation, un exil…) peut transmettre des blessures énergétiques trouvant écho dans les générations suivantes. Cela peut se traduire par des maux de dos récurrents, des migraines ou des troubles digestifs, pouvant être symptomatiques de mémoires familiales non libérées.

Chapitre 2 – Le retour contraint

Le récit de Léa : *Le manoir du secret*

Le bureau de Julien sentait le tabac froid et le cuir ancien. Cette odeur, d'ordinaire rassurante, était devenue oppressante. Incommodée, Léa attendait que Julien lui adresse la parole. Ce dernier faisant face à la fenêtre lui tournait le dos. Il fixait la basilique Notre-Dame de Fourvière, comme hypnotisé par la vue qui s'offrait à lui.
« L'assurance couvrira le coût de la remise en état des dégâts causés, CORTAVO, dit-il enfin, sans même se retourner. Sa voix grave trahissait la colère sourde qui l'envahissait. Mais elle ne couvrira pas l'atteinte à notre réputation, compléta-t-il, en se retournant vers Léa. Il semblait contrarié. Il vous faut un projet pour vous rappeler que l'architecture a pour base des fondations solides, CORTAVO. Je crois que ces derniers temps, vos projets en sont dépourvus. Il fit glisser un dossier sur son bureau en acajou. Voici la réhabilition d'une vieille bâtisse, le budget est faible, et il n'y aura pas de lauriers à en tirer, néanmoins ce projet vous permettra de revoir les fondamentaux de l'Architecture ».
La faible épaisseur du dossier insulta Léa. L'humiliation lui serra la gorge, mais elle ne laissa rien transparaître. Elle ouvrit le dossier, s'attendant à devoir remettre en état un pavillon mal-entretenu, perdu au fond de la
Lozère. Mais le nom du projet apparut comme une déflagration : « Réhabilitation du Manoir de La Castellane ». Son cœur se mit à battre violemment. L'adresse du projet, se trouvait dans la commune de son enfance. Celle qu'elle avait fui avec sa mère il y a maintenant une vingtaine d'années.

« Léa, les équipes vous attendront lundi sur le chantier à 8H, faites bonne route jusqu'à Pézenas !
- J'y serai Julien ! asséna Léa. »

La préparation de la valise, fut pour Léa une expérience mitigée. D'habitude cette activité était source de joie, et d'excitation, les prémices de découvertes incroyables. L'engouement habituel avait disparu, pour laisser place à une réflexion intense.

Léa était encore stupéfaite de la rapidité avec laquelle les coups du sort, s'étaient enchaînés. Certes, depuis quelques mois, elle sentait un malaise s'insinuer dans sa vie. Un mal qui la rongeait progressivement. Elle avait fermé les portes à toutes ces impressions qui mettaient ses sens en alerte, pensant que ces troubles cesseraient.
Au lieu de cela, les incidents s'étaient enchaînés, l'entraînant dans une chute vertigineuse. Il y a encore quelques jours, elle était l'architecte pressentie pour la reconstruction de l'hôtel de ville de Lyon, à nouveau détruit par un incendie. Depuis l'incident sur le chantier, son téléphone avait cessé de sonner. Les appels s'étaient raréfiés de manière drastique. À vrai dire, seule son assistante avait pris la peine de l'appeler. Pour les autres, Léa était devenue persona non grata. La synchronicité des événements n'était pas pour Léa un hasard. L'effondrement du mur, le retrait du projet de rénovation de la mairie, son retour contraint à Pézenas, tout semblait indiquer que sa vie allait prendre une nouvelle direction. Toutefois la crainte l'envahissait. Elle assimilait cette succession d'évènements malheureux, comme étant précurseurs de drames plus grands. Elle ne comprenait pas cet enchainement et sa symbolique.

Elle se rappela de Pézenas, lors de son départ précipité. Les pleurs de sa mère et les injures des habitants étaient restés gravés dans son cœur et sa mémoire. Jamais elle n'avait oublié l'humiliation subie ce jour-là. Le seul lien conservé avec Pézenas, c'était Thomas, son meilleur ami d'enfance.
Léa et Thomas avaient toujours entretenu leur amitié, malgré la distance, et se voyaient régulièrement lors des déplacements de Thomas à Lyon.
Le revoir constituait le seul point positif de ce retour contraint.

La valise finie. Léa prit la route. Trois heures quarante de conduite durant lesquelles seul le moteur de la voiture se fit entendre. Léa, pensive, ne vit pas le trajet passer.

Le miroir du lecteur : *Quand le hasard devient rendez-vous*

L'ouverture de la scène se fait sur Léa, mal à l'aise dans le bureau de son supérieur dans l'attente d'une sanction disciplinaire.
Cela fait écho à une perte de contrôle de Léa sur sa vie, consécutive à une succession d'événements tous aussi déstabilisants les uns que les autres. Leur déroulé anarchique, donne à Léa la sensation non seulement de vertige, mais surtout que sa vie lui échappe.

Avez-vous déjà eu le sentiment que votre vie vous échappait ? Comme si la partition qui se jouait n'était pas la vôtre. Un enchaînement incohérent d'événements chaotiques, vous laissant bras ballants, dans la douleur de la difficulté, souvent tellement sonné que la remontée en sera durement éprouvée ? Une soudaine perte de contrôle inexpliquée, que rien ne semble pouvoir freiner.

Vous êtes-vous déjà demandé « Pourquoi ? ». Pourquoi ces évènements se produisent à ce moment de votre vie ?

De Paul Éluard nous connaissons cette citation célèbre : *« Il n'y a pas de hasard, il n'y a que des rendez-vous ».*
Cette phrase est particulièrement troublante, car emprunte d'un réalisme certain. Cela équivaut à dire qu'aucun événement ne nous arrive pas hasard. Ils sont la conséquence d'autres événements, d'autres circonstances, qui souvent nous appartiennent et qui parfois ne nous appartiennent pas. Et si pour Léa, comme pour vous, il en était de même ?
Et si par nos « hasards » nous n'avions eu en réalité que des rendez-vous ? Dans le cas de Léa, la synchronicité des événements vécus pose question. En effet, dans ce qui semble être un mélange d'événements malchanceux, de perte de sens, de cauchemars et de sentiment d'imposture professionnelle, Léa est bousculée. Pourquoi maintenant, à trente-deux ans ? Alors qu'il n'y a pas encore si longtemps, sa vie était un long fleuve tranquille, ce dont Léa était reconnaissante.

Comment faire lecture de cette trajectoire de vie qui semble se détourner de son objectif initial ? Comment pouvez-vous appréhender ces situations pour les rectifier ?
La réponse est simple : Il convient d'apprendre à relier les points. Vous rappelez-vous de ces jeux d'enfants, dont le but était de relier des points numérotés afin de révéler des images cachées ?

La lecture du déroulé d'une vie, à l'instar de ce jeu, tiendra à notre capacité à savoir relier les points pour révéler le chemin de notre vie, et apprécier l'impact de certaines situations qui prendrons sens plus tard.

« On ne peut pas comprendre en imaginant le futur, mais seulement en regardant le passé » Søren Aabye Kierkegaard

Le départ contraint de Léa, pour une mission professionnelle dans le village de son enfance, interroge sur cette étonnante synchronicité. A ce stade de sa vie, cet évènement n'est pas encore empreint de sens pour elle. Toutefois, avec le recul nécessaire, en avançant dans le temps, elle pourra relier les points afin d'en tirer les apprentissages nécessaires.

L'Atelier intérieur : ***Apprendre à relier les points***

Ce travail fait suite à l'atelier « cartographier ses fissures » pour permettre d'approfondir la démarche initiée dans le précédent atelier.

1- Identifier les évènements clés de votre vie

Lister les évènements qui vous semble avoir fait une rupture significative dans le déroulé de votre histoire. Ces évènements doivent être marquants et vous ayant donné la sensation de chuter ou de repartir à zéro.
Soyez factuel. Une phrase par évènement.

Exemples :

. Mon projet professionnel m'a été retiré, pour être confié à un autre collègue.

. Ma relation sentimentale s'est terminée brutalement.
. Un conflit familial à déchirer ma famille, les liens avec certains membres de ma famille sont rompus.

2- Révéler le fil conducteur émotionnel, traversant les évènements clés de votre vie

Chaque évènement clé laisse une empreinte émotionnelle. Identifiez-la.

Exemples :
. Un sentiment d'humiliation
. La peur, panique de l'abandon
. Une colère face à l'injustice
. La douleur d'une trahison
. La sensation d'être impuissant
. La sensation d'être invisible

Nommez ce fil conducteur, il pourra être la clé de la partition que vous jouez sans cesse.

Exemple : Le sentiment d'injustice ou de trahison.

3- Suivre l'impact de l'évènement clé dans le temps

Le fil conducteur que vous avez tiré de la précédente étape peut être induit par des évènements récents, mais parfois, il est la résultante d'une blessure plus ancienne, faisant écho à une expérience traumatique vécue par un aïeul.

Questions à vous poser :

. **Dans votre histoire personnelle :** Quand avez-vous déjà ressenti ce sentiment ? Rappelez-vous une scène précise et notez-la.

. **Dans l'histoire de votre lignée :** Replongez-vous dans les récits familiaux. Un membre de votre famille a-t-il déjà vécu cette injustice (ou tout autre sentiment de votre fil conducteur émotionnel) ? Comme par exemple un héritage spolié ? Une réputation ternie ? Une vie brisée par des évènements extérieurs (guerre).
Notez sans juger de la pertinence. Fiez-vous à votre intuition.

4- Prenez de la hauteur pour révéler le sens

Relisez les événements marquants de votre vie mis en lumière précédemment, pour lesquels vous avez une sensation d'échec et de difficulté importante et prenez du recul. Cela est essentiel pour découvrir le sens. En effet, rien n'est hasard, ces évènements sont des étapes pour la réalisation d'un projet souvent, lointain, qui une fois accompli, fera sens pour vous.

Reprenez les événements douloureux que vous avez vécu, et interrogez-vous de la manière suivante pour chaque évènement : Si cet évènement ne m'était pas arrivé, je n'aurais pas pris la décision de ... et je ne serai pas arrivé à faire cela....

Notez les réponses. Et Bravo, vous venez d'apprendre à relier les points, pour donner du sens à votre présent et éclairer votre avenir.

L'apport de la psychogénéalogie : *La synchronicité, langage discret de l'inconscient familial*

Parfois la vie nous fait signe. Des évènements pour lesquels si nous ne prêtons pas attention, nous passerions à côté de messages transgénérationnels.

N'oublions pas que rien n'est hasard, même notre naissance. Nous sommes un maillon de notre histoire familiale, empreint d'une mission que nous allons tendre à réaliser.

En psychogénéalogie, la synchronicité et son étude constitue une part importante de cette matière, puisqu'elle est le **mécanisme actif de l'inconscient familial**, une façon pour les traumatismes, les loyautés invisibles ou les non-dits de se manifester.

La théorie des synchronicités, a été développée par le psychanalyste Carl Gustave JUNG et le physicien Wolfgang PAULI, prix Nobel de physique en 1945, en démontrant que des particules séparées dans l'espace, et le temps pouvaient interagir, ensemble de manière synchrone, comme si elles étaient connectées par une logique invisible.
Nos vies fonctionnent de la même façon, nous sommes reliés à nos ancêtres par des fils invisibles, ces fils invisibles, tissent des liens, traversant les générations, dont les vibrations créent des échos dans notre existence.

De manière plus concrète, la synchronicité, c'est l'apparition simultanée de plusieurs événements n'ayant pas de lien causal entre eux, mais dont la survenance fait sens pour la personne qui les vit. Les synchronicités sont plus facilement détectables lors de tournants de vie importants et particulièrement lorsqu'on travaille son arbre généalogique ou son génosociogramme. L'appréhension des synchronicités, nécessite une ouverture d'esprit et une capacité à lire l'invisible, pour faire du sens.

Tant que nous restons dans la complainte. Nous restons imperméables aux synchronicités, faire preuve d'ouverture d'esprit, voudrait dire que la question à se poser et : « pourquoi c'est évènement, intervient dans mon histoire. Que souhaite-t-il me révéler ? » et non « Pourquoi cela m'arrive à moi ? ».

Cette capacité d'appréhender ces phénomènes, avec une plus grande ouverture d'esprit, présuppose plusieurs actions :

. **Le ralentissement dans son quotidien :** La vie quotidienne, avec son lot de stress, de rapidité, laisse peu de place à l'écoute. En effet, nous sommes peu attentifs aux autres, peu attentifs à nous-mêmes, à notre environnement, et encore moins aux évènements qui nous arrivent. Voir les synchronicités, présuppose d'être en capacité de saisir le moment où elles nous parviennent.

. **L'observation des répétitions :** Un prénom, une date, un lieu qui revient ? Tout cela n'est pas hasard, tout fait sens.

. **Consigner ses rêves :** Dans cet espace-temps où le lâcher-prise domine, où votre inconscient est maître, les rêves sont souvent les premiers messagers de l'inconscient familial. A votre réveil, prenez le temps de les noter.

Le piège à éviter : La surinterprétation

Tout évènement se produisant dans notre vie ne fait pas écho à un message transgénérationnel. La véritable synchronicité se reconnaît par son impact émotionnel. L'évènement vous touchera, vous dérangera, vous irradiera, et fera sens pour vous.
En somme, c'est la charge émotionnelle de l'évènement et l'impact sur votre être qui fait, du lien entre les deux, la marque de la synchronicité.

Vouloir à tout prix, mettre de la synchronicité pour chaque évènement, qui se produit dans notre vie, serait une perte de sens, et une distanciation avec l'inconscient familial.

Il faut trouver l'équilibre, en visualisant la synchronicité comme une boussole transgénérationnelle, permettant de nous diriger, en sachant où regarder, quoi guérir et comment agir.

« Quand un homme entre dans une phase significative de son destin, on peut assurer avec certitude qu'il en a été averti par ses rêves. » Carl Gustav JUNG

Chapitre 3 – Le grenier de la mémoire

Le Récit de Léa : *Les plans inachevés*

Léa arriva sans encombre à Pézenas, et son installation dans son logement de fonction se fit non sans une sensation troublante qu'elle ne parvenait pas à identifier. Elle ne se sentait pas à l'aise mais ne sut pas exprimer pourquoi. Elle avait l'impression de ne pas être à sa place. Le souvenir de son départ d'enfant remonta soudain : les larmes coulant sur les joues de sa mère, cette douleur muette dont elles n'avaient plus jamais parlé.

Sa première nuit à Pézenas fut agitée. Le cauchemar la rattrapa : le craquement sinistre, l'effondrement de la bâtisse, le réveil en sursaut, moite et haletante. Impossible de se rendormir. Levée plus tôt que prévu, elle prit le temps de se préparer et de boire quelques cafés avant de se mettre en route pour honorer le rendez-vous qui l'attendait à 8h au Manoir de la Castellane.

À 8h, l'intégralité de l'équipe était déjà présente sur le chantier. Les membres étaient enchantés de travailler avec Léa, et l'accueillirent avec bienveillance. L'incident sur le chantier de LYON, expliquant sa présence à Pézenas, n'avait visiblement pas encore été rapporté.

Après que les premières consignes furent données, Léa entreprit, l'exploration du manoir. La beauté de son architecture passée était encore visible. Bien que passablement dégradé, ce manoir n’était pas encore réduit à l’état de ruine. Il allait pouvoir être sauvé, et Léa prit à cet instant le pari de le magnifier. Le manoir l’inspirait. Cette première prise de contact avec l’édifice, l’apaisa. Étonnamment elle s'y sentit bien.

Cette première prise de contact validée, Léa entama l’exploration de l’édifice, s’attardant dans toutes les pièces. Elle commença la réalisation de croquis ainsi que l’inventaire des éléments pouvant être restaurés de ceux qui devraient être remplacés car trop dégradés.

Arrivée au dernier étage du bâtiment, elle se trouva nez à nez avec une porte en bois dont l’ouverture ne se faisait pas. Elle eut beau insister, tourner la poignée, aucune action ne se produisit. La porte demeurait définitivement close, comme fermée à double tour. C’est alors qu’elle se rappela la clé trouvée par terre au pied des marches, qu’elle avait machinalement ramassée et placée dans sa poche. Elle sortit la clef et l’inséra dans la serrure. Après l’avoir tournée deux fois à gauche, elle entendit le cliquetis de l’ouverture.

La porte s’ouvrit et Léa entra dans ce qui devait être autrefois le grenier. C’est dans le silence de ce grenier oublié que Léa découvrit une malle. Entourée par le nuage de poussière créé par l’ouverture de la malle délaissée, Léa commença son inspection. Elle fut surprise d’y découvrir des plans d’architecte, non terminés, ainsi que de nombreux carnets de note, dont certaines pages avaient été raturées avec violence.

Léa prit les plans délicatement et commença à les étaler au sol. Ils représentaient sous plusieurs coupes, le Manoir de la Castellane. Léa sentit toute l'importance des documents qu'elle venait de découvrir. L'âme originelle de ce bâtiment, telle que l'avait conceptualisée son créateur, était étalée sous ses yeux.

Fronçant les sourcils, la jeune architecte, tentait de lire la signature figurant au bas de ces documents. Le temps l'avait rendue quasiment illisible sur la plupart d'entre eux, jusqu'à ce qu'une signature moins abîmée que les autres se dévoile sous ses yeux.

C'était tout bonnement…impossible… E. CORTAVO, 1969. Le signataire de ces plans portait le même nom qu'elle. Les carnets de note portaient la même signature et sur la première page de l'un d'eux, figurait la phrase suivante : « L'honneur d'un homme est plus fragile que le verre ». Troublante découverte…

Abasourdie, Léa se releva, regarda l'ensemble des documents et fut saisie par un frisson. Elle n'avait pas connaissance d'un E. CORTAVO dans son entourage familial, ayant exercé la profession d'architecte comme elle. Se pouvait-il que cela soit une coïncidence ? Était-il possible qu'un E. CORTAVO, eût habité à Pézenas, et que ce dernier n'eût pas de lien avec sa famille ?

Au fond d'elle, la jeune architecte savait qu'il ne s'agissait pas d'une simple coïncidence.

Le miroir du lecteur : *Ce que murmurent les objets*

Avez-vous déjà ressenti un mal-être inexplicable en franchissant le seuil d'une vieille demeure familiale, une impression d'être étranger à certains lieux ou démuni face à certaines situations, sans pouvoir l'expliquer de manière rationnelle ?

Ces sensations, ces intuitions profondes, pourraient très bien être les échos d'une mémoire familiale, la résonance d'un événement douloureux ou d'un secret lourdement lié à ces endroits. Les émotions non exprimées, les traumatismes violents non intégrés, imprègnent un lieu ou des objets de leur empreinte vibratoire. C'est pourquoi les descendants peuvent ressentir la puissance de ces charges émotionnelles, de ces vécus non verbalisés.

Remémorez-vous : les synchronicités vous ont-elles déjà conduit à retourner sur un lieu empreint d'une émotion telle que vous l'avez fui pendant de nombreuses années ? Un lieu témoin d'un amour profond, ou au contraire d'une violence extrême ?

Car au-delà des transmissions orales ou des secrets enfouis dans nos lignées, une autre forme de mémoire existe. En effet, les lieux – tout comme les objets – sont les gardiens de l'histoire familiale, tels des témoins silencieux des générations passées. Ils retiennent en leur sein les charges énergétiques, tant positives que négatives, des actions qui s'y sont déroulées. Ces terres, parfois lointaines, qui ont vu naître et mourir nos aïeux, ne sont pas de simples décors de cartes postales. Elles sont des réceptacles énergétiques qui résonnent au fil des générations successives.

Les objets, porteurs d'une âme invisible, se chargent également de l'empreinte de leurs propriétaires. Chaque contact, chaque regard, chaque émotion partagée avec eux tisse un lien énergétique si puissant que leur vibration continue de témoigner de l'existence et des ressentis de ceux qui les ont tenus entre leurs mains. Leur vibration demeure le témoignage de l'énergie des êtres passés.

La découverte inattendue faite par Léa dans le grenier illustre ce phénomène : un carnet jauni et des plans d'architecte inachevés ayant appartenu à une personne portant le même nom de famille qu'elle, et dont elle semble n'avoir jamais eu connaissance. Un aïeul disparu avant sa naissance ?

Sur le carnet, une inscription : « L'honneur d'un homme est plus fragile que le verre ». Simple adage populaire ? Ou avertissement ancestral, témoignage d'un trauma familial profond, continuant d'influencer les comportements et les destins au fil des générations ?

Étonnamment, cette phrase résonne avec une troublante précision dans la vie de Léa elle-même. Ce revers professionnel, cette humiliation publique qu'elle a vécue, ont laissé un goût amer, une blessure à vif. Et maintenant, cette phrase. Était-ce une simple coïncidence ou le miroir d'un schéma bien plus ancien, se rejouant à travers les générations, la désignant, elle, comme l'héritière involontaire de cette fragilité ? Un échec professionnel l'ayant justement reconduite dans son village natal.

Cette personne, cet architecte dont les plans restaient inachevés, qui était-elle ? Un grand-père ? Un oncle ? Pourquoi son existence avait-elle été scrupuleusement tue ?

Et vous ? Quels murmures du passé attendent d'être entendus, pour éclairer les fragilités ou les forces qui se jouent dans votre propre vie ?

L'atelier intérieur : *Dessiner le fil des mémoires*

Cet atelier est une invitation à devenir l'architecte de votre propre mémoire, à lever les voiles sur ce que les lieux et les objets de votre vie ont à vous raconter. Ne cherchez pas la perfection immédiate, mais l'authenticité de vos ressentis. Prenez votre carnet et installez-vous dans un endroit calme, pour démarrer cette séance en trois étapes :

Étape 1 - L'inventaire des mémoires

1- Faites parler les lieux

Listez trois lieux qui ont marqué votre vie ou celle de votre famille (maison d'enfance, lieu ancestral, endroit traversé qui a suscité une réaction forte).

Pour chaque lieu, notez votre premier ressenti : attirance inexplicable ? Malaise profond ? Joie intense ? Anxiété sans raison ?

Question clé : Y a-t-il des anecdotes familiales connues, des événements heureux ou douloureux (mariage, décès, exil, réussite, faillite) associés à ce lieu ? Notez-les.

2- Faites parler les objets

Identifiez trois objets familiaux qui vous intriguent, vous attirent, ou vous mettent mal à l'aise (bijou, photographie, meuble, lettre...).

Pour chaque objet, décrivez ce que vous ressentez en le regardant ou en le touchant. Connexion ? Peur ? Curiosité pressante ? Héritage lourd ou source d'inspiration ?

Question clé : Connaissez-vous l'histoire de ces objets ? À qui ont-ils appartenu ? Y a-t-il des "silences" autour d'eux dans les récits familiaux ?

Étape 2 - Déchiffrer les résonances intérieures

Reprenez un lieu ou un objet de votre liste qui vous semble le plus porteur de mystère, celui qui a suscité la réaction la plus forte ou la plus inexplicable. Concentrez-vous sur lui.

Laissez venir les impressions : Fermez les yeux un instant. Visualisez ce lieu, ou tenez l'objet entre vos mains (si c'est possible). Que vous vient-il à l'esprit ? Images ? Sons ? Odeurs ? Mots ? Émotions brutes ? Ne censurez rien.

Le corps comme récepteur : Où ressentez-vous cela dans votre corps ? Tension dans les épaules ? Pincement au cœur ? Nœud à l'estomac ? Légèreté inattendue ? Le corps est un transmetteur d'informations ancestrales.

Le fil invisible : Sans chercher à rationaliser, tentez de faire un lien avec votre propre vie. Y a-t-il des schémas récurrents dans votre existence (succès, échecs, relations, peurs, blocages) qui pourraient, par hypothèse, être connectés à ce lieu ou à cet objet, comme un écho lointain ? Pensez à l'humiliation professionnelle de Léa et à l'adage du carnet. Un événement familial douloureux lié à ce lieu ou à cet objet pourrait-il résonner avec une de vos propres difficultés ? Ou, à l'inverse, une force transmise ?

Étape 3 - Oser le questionnement

Maintenant, sur la base de vos ressentis et des informations (même parcellaires) que vous avez, essayez de formuler une ou deux hypothèses psychogénéalogiques. Il ne s'agit pas de certitudes, mais de pistes d'exploration.

Exemples :

- « Je ressens une profonde mélancolie en pensant à la maison de mon arrière-grand-mère. Et si ce lieu portait la mémoire d'une perte non digérée, un deuil jamais vraiment fait qui se transmettrait et influencerait ma propre difficulté à accepter les séparations ? »

- « Cette montre de mon grand-père me donne l'impression d'une grande responsabilité, presque d'un fardeau. Et si elle symbolisait une charge de 'devoir' ou de 'sacrifice' qu'il aurait portée, et que je porte inconsciemment à mon tour ? »

• « L'adage « L'honneur d'un homme est plus fragile que le verre » que Léa découvre. Y a-t-il un tel 'adage invisible', une phrase, une croyance, un événement traumatique lié à un lieu ou un objet dans votre famille qui pourrait éclairer une de vos fragilités, ou même une force insoupçonnée ? »

Objectif de l'Atelier :

Ce n'est qu'un début. Chaque ressenti est une porte. Chaque question posée est une clé. En vous engageant dans cet atelier, vous commencez à tisser des ponts entre votre intériorité et l'héritage invisible qui vous façonne. Vous devenez l'enquêteur de votre propre histoire, non pas pour juger, mais pour comprendre et, ultimement, vous libérer.

Les pistes que vous avez esquissées sont des invitations à approfondir. Peut-être en parlerez-vous à un membre de votre famille ? Peut-être effectuerez-vous des recherches ? Ou peut-être, simplement, cette prise de conscience suffira-t-elle à alléger un poids, à éclairer un chemin.

Ce travail n'est pas anodin. Il demande courage et honnêteté. Mais c'est précisément dans cette audace que réside le pouvoir transformateur de la psychogénéalogie.

L'apport de la psychogénéalogie : *Les échos du passé, la mission transgénérationnelle et la dette symbolique*

L'histoire de Léa, son retour inattendu sur les terres de son enfance, la découverte de ce grenier oublié, n'est pas le fruit du hasard. Elle est, au contraire, l'illustration parfaite de ce que la psychogénéalogie nomme la **mission transgénérationnelle**. Chaque famille est un écosystème complexe, une toile où se mêlent les succès et les revers, les joies et les drames, les paroles dites et les secrets. Et c'est précisément dans ces zones d'ombre, ces interstices du non-dit et du non-accompli, que se tissent les fils invisibles de notre héritage psychique.

Imaginez un instant le parcours de vos aïeux. Des vies parfois brisées par des projets non aboutis, des rêves qui se sont heurtés à la rudesse du réel, des carrières avortées, des injustices subies en silence, des faillites matérielles ou morales qui ont laissé des cicatrices profondes. Chacun de ces événements, chaque espoir déçu, chaque parole retenue, ne disparaît pas avec la personne qui l'a vécu. Il crée un vide énergétique et émotionnel au sein du système familial, une sorte d'incomplétude qui demande, inconsciemment, à être comblée.

C'est là qu'intervient la notion de **dette symbolique**. Un projet inachevé par un grand-parent, un talent étouffé, une vocation ignorée, une offense jamais réparée, peut se transformer en une sorte de "legs invisible". Ce n'est pas une dette financière, mais une charge émotionnelle et psychique qui se transmet de génération en génération, à l'insu de tous. Les descendants, sans en avoir la moindre conscience rationnelle, se retrouvent alors porteurs de cette **mission de réparation**. Ils peuvent se sentir poussés, parfois avec une force irrépressible, à accomplir ce que leurs aïeux n'ont pu mener à bien, à réparer une injustice qu'ils n'ont pas vécue, ou à combler un vide dont ils ignorent l'origine.

Léa, l'architecte qui se retrouve démunie face à son propre projet de vie, ramenée par un échec à l'endroit même d'une histoire familiale occultée, en est un exemple frappant. Et si son désaveu professionnel n'était pas seulement une crise personnelle, mais l'écho d'une « dette » ancestrale liée à un bâtisseur dont les plans restèrent inachevés ? Et si l'adage « L'honneur d'un homme est plus fragile que le verre » qu'elle découvre n'était pas un simple proverbe, mais une clé, un fragment de l'histoire d'un aïeul, dont l'honneur fut brisé, laissant une empreinte à réparer, une fragilité à comprendre pour les générations futures ?

Pour illustrer ce mécanisme, les thérapeutes transgénérationnels utilisent une métaphore saisissante : celle de la **"patate chaude"**. Imaginez un ancêtre vivant un traumatisme insupportable : une faillite, une humiliation, un amour impossible. L'émotion est si brûlante, si douloureuse, qu'il ne peut la « digérer ». Pour survivre, il la « gèle » et, inconsciemment, la transmet à la génération suivante, comme on se débarrasserait d'une patate chaude. L'enfant la reçoit sans comprendre son origine, sentant seulement sa brûlure (une angoisse, un sentiment d'illégitimité, une compulsion d'échec...). À son tour, ne sachant que faire de cette charge incandescente, il la transmettra à ses propres enfants. Ainsi, la « patate chaude » se repasse de génération en génération, intacte, jusqu'à ce que quelqu'un, vous, peut-être, ait le courage de la laisser refroidir, de la regarder en face pour en comprendre l'origine et enfin s'en libérer.

Le carnet de l'aïeul de Léa, avec son adage sur l'honneur fragile, n'est-il pas une parcelle de cette « patate chaude » ? Son propre échec professionnel d'architecte n'est-il pas la manifestation brûlante d'une dette inconsciente envers cet ancêtre architecte dont le projet, peut-être, a été brisé ?

Votre travail, notre travail ensemble, ne consiste pas à accuser le passé, mais à devenir cet héritier lucide qui ose enfin poser la « patate chaude » sur la table. L'identifier, c'est déjà refuser de la transmettre. En comprenant la nature de la mission invisible qui vous a été confiée, vous vous donnez le pouvoir de la questionner, de la transformer et, ultimement, de choisir votre propre voie. Vous pouvez alors rendre à vos ancêtres ce qui leur appartient, avec amour et respect, et reprendre enfin les rênes de votre propre existence.

PARTIE II – L'ENQUÊTE

Chapitre 4 – Les ombres du passé

Le récit de Léa : *Le mur des silences*

Léa referma le carnet jauni avec précaution, comme s'il contenait une substance volatile et dangereuse. La jeune architecte porta son regard sur la signature en bas des plans d'architecte étalés à ses pieds. Elle dansait sous ses yeux, comme une énigme qu'elle brûlait résoudre. Qui était ce E. CORTAVO dont elle n'avait jamais entendu parler ? Et si ce nom cachait un lien de sang ?

Léa sortit le téléphone de sa poche, les doigts tremblants. *Un appel. Rien qu'un appel.* Elle devait savoir.

La sonnerie retentit trois fois avant que sa mère ne décroche. Sa voix, toujours douce, presque charmante, contrastait avec le poids qui écrasait la poitrine de Léa.

« Maman, j'ai besoin de te parler.
- Ah, bonjour ma chérie ! Es-tu bien arrivée ? Le manoir n'est pas trop effrayant, au moins ?

Un rire léger, une esquive déjà. Léa serra les dents. Elle n'avait malheureusement pas le temps pour les politesses d'usage.
- Maman, écoute-moi. Sa voix se fit plus ferme. Dans le grenier du manoir, j'ai trouvé des plans d'architecte, signés E .CORTAVO. Les plans étaient accompagnés d'un carnet de note, portant la même signature. Un silence. Que peux-tu me dire ?
Le silence fit écho à la question de Léa. Un silence si lourd, qu'elle crut un instant que la communication avait été coupée. Puis, un bruit étouffé, comme si sa mère avait retenu un cri.
- Où as-tu… où as-tu trouvé ça ? Sa voix de Mme CORTAVO trahissait sa tension.
- Dans le grenier du Manoir. Réponds-moi, maman. Qui est E. Cortavo ?
Un silence encore. Puis, d'une voix brisée, presque inaudible, se fit entendre :
- Ce n'est qu'un vieux fantôme, Léa. Laisse-le reposer en paix.
- Un fantôme de la famille, alors ? Léa sentit son cœur battre plus vite. Parce que ce nom, je ne l'ai jamais entendu. Et ces plans, maman … Elle hésita, cherchant les mots justes. Ils ressemblent aux miens. Comme si… comme si c'était mon travail.
Un souffle tremblant traversa le combiné. Puis sa mère, d'un ton sec, presque dur :
- Arrête ! hurla-t-elle.
- Je regrette maman, mais je ne peux pas. Pas maintenant. Léa serra le carnet contre sa poitrine, comme un bouclier. Dis-moi la vérité. S'il te plaît.
Nouveau silence.

Puis, d'une voix sourde, comme arrachée :
- Ton grand-père…Elle s'interrompit, comme si le nom lui brûlait la langue. Il a fait des choses. Des choses qu'on ne peut pas effacer.
- Quelles choses ?! Léa sentit une colère monter en elle.
- Ça suffit maintenant.
La voix de sa mère était maintenant glaciale. Raccroche Léa ! Et oublie ce nom ! »

Un déclic. La communication fut coupée.

Léa resta immobile, le téléphone toujours collé à l'oreille. Dehors, le vent faisait grincer les volets du manoir, écho sinistre à ses propres pensées.

Elle baissa les yeux vers le carnet, vers les plans. E. CORTAVO un nom qui résonnait en elle maintenant comme une dissonance dans l'histoire familiale qu'on lui avait toujours cachée.

Et soudain, elle comprit. Ce n'était pas une coïncidence. Ce n'était pas le hasard qui l'avait menée ici, dans ce manoir, face à ces plans, à ce carnet.

Quelque chose la reliait à cet homme. Quelque chose que sa mère refusait de nommer.

Elle prit une profonde inspiration, les doigts crispés sur le papier jauni.

Très bien maman, murmura-t-elle dans le vide. Si tu ne veux pas parler… Elle releva les yeux, déterminée. *Je trouverai seule.*

Elle rouvrit le carnet. Les phrases d'E.CORTAVO lui semblaient maintenant menaçantes, comme des avertissements gravés dans la pierre : *« L'honneur d'un homme est plus fragile que le verre. »*

Le Miroir du lecteur : *Les gardiens du secret*

Ce que vous venez de lire, cette conversation douloureuse entre Léa et sa mère, est la mise en lumière d'un des phénomènes les plus fondamentaux et les plus douloureux en psychogénéalogie : la confrontation au **gardien du secret**.

La réaction de la mère de Léa, passant d'une douceur aimante à une panique glaciale, est archétypale. Elle n'agit pas par méchanceté, ni même par simple désir de dissimulation. Elle agit par **loyauté**. Une loyauté invisible, viscérale, envers un pacte de silence scellé des décennies plus tôt. Pour elle, nommer E. CORTAVO ne consiste pas à livrer une information, mais à commettre une trahison. C'est briser un barrage fragile, construit pour contenir un torrent de honte, de chagrin ou de colère qui, elle en a l'intime conviction, pourrait tout emporter sur son passage, et réouvrir des plaies à peine cicatrisées. Le gardien du secret protège le clan d'une blessure qu'il croit toujours à vif. Il est le soldat qui continue de monter la garde devant un tombeau, persuadé que le mort pourrait encore souffrir.

Et vous ? Ce mur du silence, l'avez-vous déjà heurté ? Tendez l'oreille à votre propre histoire. Écoutez les non-dits qui bourdonnent juste sous la surface des conversations polies.

- **Les prénoms fantômes :** Y a-t-il, dans votre arbre généalogique, des prénoms qu'on ne prononce jamais ? Un oncle, une tante, un grand-parent dont le nom provoque un silence gêné, un regard fuyant ?
- **Les sujets qui fâchent :** Avez-vous déjà posé une question sur l'origine de la fortune ou des dettes familiales, sur une brouille ancienne, sur les circonstances d'un déménagement précipité, et reçu en réponse un "Ça ne te regarde pas !" cinglant, ou un changement de sujet si habile qu'il en devenait assourdissant ?
- **Les gardiens de votre histoire :** Qui, dans votre famille, endosse ce rôle ? Est-ce une mère, une grand-mère, un oncle ? Reconnaissez cette personne non pour la juger, mais pour comprendre la charge qu'elle porte. Elle est la sentinelle d'une douleur non digérée.

Comprenez bien la dynamique à l'œuvre. La détermination de Léa est la manifestation de **l'enfant-réparateur**. Inconsciemment, elle sent que sa propre faille, son échec professionnel, ce sentiment d'être fragile comme le verre, est directement connectée à cette histoire interdite. Sa quête n'est pas archéologique, elle est vitale. En cherchant la vérité sur son aïeul, c'est la clé de sa propre prison qu'elle cherche.

Ce mur ne doit pas être considéré comme une fin de non-recevoir. Mais comme une invitation à regarder par-dessus.

L’Atelier intérieur : *À la recherche des silences*

Installez-vous dans un endroit calme, mettez un fond de musique puis prenez votre carnet et un stylo. Cet atelier sera composé de trois étapes.

Étape 1 - Lister « les sujets tabous »

Pensez à votre famille au sens large. Fermez les yeux un instant et assistez mentalement à un repas de famille. Quels sont les sujets qui ne sont jamais abordés ? Quels thèmes, s'ils affleurent, sont immédiatement recouverts par un brouhaha anodin ? Listez-les sans censure. Notez même les « petits » silences qui vous semblent anodins.

Étape 2 - Identifier les « gardiens du Temple

En face de chaque sujet tabou, inscrivez le prénom de la ou des personnes qui veillent sur ce silence. Qui fronce les sourcils ? Qui coupe la parole ? Qui répond par une anecdote sans rapport ? Qui soupire ostensiblement pour signifier que la conversation est close ? Observez ces mécanismes de défense sans jugement. Ce sont des gestes de protection, aussi maladroits soient-ils. Notez le nom de cette personne, et l'émotion qu'elle manifeste (colère, tristesse, peur, honte).

Étape 3 - Écouter la résonance en vous

Relisez votre liste. Quel silence vous met le plus mal à l'aise ? Lequel pique votre curiosité ? Lequel vous semble mystérieusement connecté à l'un de vos propres blocages (professionnel, amoureux, financier...) ?

Encerclez-le. Puis, écrivez librement tout ce qu'il évoque pour vous. Posez-vous la question simple et profonde : « Pourquoi ce silence-là me parle-t-il plus qu'un autre ? »

Pour ce silence que vous avez encerclé, notez les émotions qui émergent en vous lorsque vous y pensez : tristesse, colère, peur, honte, injustice, curiosité intense ? Ne les analysez pas, contentez-vous de les nommer. Ces émotions sont votre boussole. Elles vous indiquent précisément où l'énergie de l'histoire familiale a été figée, où le courant de vie a été interrompu.

Vous tenez maintenant entre les mains une première esquisse de la géographie invisible de votre clan, celle des secrets et des dissimulations. Ce n'est pas une carte d'accusation, mais une carte au trésor. Le trésor étant votre propre libération.

Objectif de cet atelier : Mettre à jour les non-dits. Cartographier les dissimulations afin de faire apparaître les traumas pour ainsi espérer guérir la lignée.

L'apport de la psychogénéalogie : *La crypte et le fantôme, l'anatomie d'un secret de famille*

Si le dialogue de Léa vous a semblé si familier, si l'atelier précédent a fait remonter des émotions inattendues, c'est que vous avez touché à l'un des mécanismes psychiques les plus puissants mis au jour par la psychogénéalogie. Pour le nommer et le comprendre, nous devons nous tourner vers les travaux fondamentaux de **Nicolas**

Abraham et Maria Torok et leurs concepts de **"crypte"** et de **"fantôme"**.

Imaginez un de vos ancêtres vivant un traumatisme si intense, un deuil si impossible ou une honte si inavouable qu'il ne peut ni en parler, ni même ce le représenter mentalement. Il ne peut ni en faire le deuil, ni l'oublier. Pour survivre, l'inconscient de cette personne, avec la complicité de l'inconscient familial, ne va pas l'oublier. Il va faire bien pire : il va **l'encrypter**. Il bâtit une **crypte** psychique, une sorte de tombeau intérieur, où le secret est "muré vivant" avec toutes les émotions qui lui sont associées. Le système familial peut alors continuer à fonctionner, en apparence.

Seulement, ce qui est encrypté n'est pas mort. L'énergie du secret, la charge émotionnelle du trauma, va chercher une issue. Elle va "fuiter" à travers les générations et venir "hanter" un ou plusieurs descendants. C'est ce que les auteurs nomment le **fantôme**.

Le fantôme n'est pas un esprit. C'est un vide qui parle, une absence qui pèse, un non-dit qui se manifeste par des symptômes inexplicables : angoisses, phobies, blocages professionnels, compulsions, rêves récurrents. Le descendant "hanté" ne sait pas ce qu'il porte. Il ressent seulement que quelque chose, en lui, ne lui appartient pas. Que quelque chose, en lui, vient d'ailleurs.

Léa est hantée par le fantôme d'E.CORTAVO. Son échec professionnel, son cauchemar récurrent, son sentiment d'être "fragile comme le verre", sont autant de manifestations de cette crypte familiale qu'elle commence à entrevoir.

La mère de Léa, est la gardienne du secret qui sent les murs de la crypte trembler. Elle a peur que le fantôme d'E.CORTAVO ne soit libéré. Mais ce qu'elle ignore, c'est que Léa est en train d'expérimenter, c'est que le fantôme est *déjà* là. Il est dans l'échec de Léa, dans sa fragilité, dans son choix de carrière même.

La seule façon de se libérer du fantôme n'est pas de renforcer les murs du silence, mais d'accomplir un acte de courage et d'amour : ouvrir la crypte, nommer l'innommable, écouter l'histoire du mort et lui offrir enfin la sépulture symbolique qu'il n'a jamais eue. C'est à ce prix que l'on transforme une loyauté mortifère en un héritage de vérité qui libère toute la lignée.

Et vous ? Qu'est-ce qui, en vous, ne vous appartient peut-être pas ? Quel fantôme cherche à se faire entendre ?

PROLONGEZ L'EXPÉRIENCE ET TÉLÉCHARGEZ VOS MÉDITATIONS TRANSGÉNÉRATIONNELLE INÉDITES

Les mots que vous venez de lire peuvent continuer à résonner en vous, mais parfois, l'intégration passe par une autre voie, c'est pourquoi j'ai enregistré pour vous trois méditations inédites, conçues pour vous accompagner dans votre cheminement personnel:

- Une méditation d'ancrage
- Une méditation de libération transgénérationnelle
- Une méditation de gratitude envers vos ancêtres

Ces audios sont offerts pour prolonger votre travail intérieur, à votre rythme.

Anne MISCOLIEU

Chapitre 5 – Le puzzle des ancêtres

Le récit de Léa : Les ombres de Pézenas

La peur panique dans la voix de sa mère avait ouvert une brèche. Une certitude s'était ancrée en Léa : On lui cacher la vérité. Non pas pour lui faire du mal, elle le savait, mais pour la protéger. Mais de quoi ? ou de qui ?

Léa laissa passer une nuit, une nuit blanche à regarder les ombres s'allonger sur les murs, essayant de se remémorer ses souvenirs d'enfant. Au matin, sa décision était prise. Elle voulait savoir, elle voulait investiguer son passé. Son histoire familiale semblait liée à Pézenas, et à ce nom …E. CORTAVO.

Son téléphone à la main, elle ne chercha pas le numéro de sa mère, mais celui de Thomas, son meilleur ami, un de ces liens solides que le temps n'effiloche pas. Thomas, le garçon méticuleux et passionné d'histoire, était devenu archiviste dans la commune de Pézenas.

« Thomas ? C'est Léa.
- Léa ! Quelle bonne surprise ! J'ai su que tu étais de passage à Pézenas, as-tu le temps d'un café demain… ?
- J'ai besoin de ton aide, dit-elle, sans préambule.
- Je t'écoute Léa, en quoi puis-je t'aider ? »

L'après-midi même, Léa poussa la lourde porte des archives municipales. L'odeur la saisit aussitôt : un mélange de papier jauni, de poussière et de temps immobile. Thomas l'accueillit avec un sourire doux et la mena vers une grande table en bois baignée par la lumière blafarde d'un néon. Autour d'eux, des étagères métalliques grimpaient jusqu'au plafond, chargées de lourds registres reliés de cuir.
« Par où commençons-nous ? demanda Thomas en posant un premier registre devant elle.
- Par un nom, répondit Léa. E. CORTAVO. C'est tout ce que j'ai. »

Les premières heures furent une plongée fastidieuse dans des écritures en pattes de mouche. Ils exhumèrent des actes de naissance, de mariages, de décès. Lentement, sous le regard expert de Thomas, une histoire commença à se dessiner.

Émile CORTAVO, né en 1932, architecte.

Le cœur de Léa manqua un battement. Elle n'avait pas rêvé. La profession était là, écrite à l'encre noire, indiscutable.

Poussés par cette première découverte, ils élargirent leurs recherches. Peu à peu, Léa dessinait sur une grande feuille blanche les contours d'un arbre généalogique, qui avait toujours été flou pour elle. Sa mère, ses oncles, puis son grand-père…Émile.

« Attends, regarde ça » dit soudain Thomas en lui tendant une liasse de coupures de presse locale datant de 1958. L'une d'elles présentait en grande pompe le projet de rénovation du Manoir de la Castellane, un bâtiment grandiose, « l'œuvre qui allait transformer le visage de la ville ». Le projet était signé par l'architecte Émile CORTAVO. Léa dévorait les lignes, une fierté étrange montant en elle.

Puis d'autres articles apparurent. Un froid parcourut l'échine de Léa. C'était l'histoire de son grand-père, Émile qui défilait sous ses yeux. La même histoire, à deux générations d'écart. Un projet ambitieux, la promesse du succès, puis la chute, brutale, juste avant l'accomplissement.

« C'est une coïncidence, murmura-t-elle, plus pour se convaincre qu'autre chose.
- Peut-être », répondit Thomas doucement. Continuons ».

Ils remontèrent une autre branche, celle d'un grand-oncle dont Léa n'avait jamais entendu parler, Louis. Un nom rayé des récits familiaux, lui aussi. Ils trouvèrent la trace de son départ précipité pour l'Argentine en 1952. La raison était consignée dans une note de bas de page d'un acte notarié : La banqueroute d'une exploitation agricole novatrice, à la veille de ce qui devait être sa première grande récolte.

Léa recula de sa chaise. La grande feuille sur la table était plus un arbre généalogique. C'était une carte de la fatalité. Les noms, les époques changeaient, mais le scénario restait le même. De l'ambition, un talent certain, et l'échec systématique, sur la dernière marche du podium.

Le destin de son grand-père n'était pas un accident. Celui de Louis non plus. Ils n'étaient que les maillons visibles d'une longue chaîne de sabotages inconscients. Comme si, leur ADN était programmé pour échouer.

Le miroir du lecteur : *La musique invisible de nos vies*

La prise de conscience de Léa dans le silence des archives est foudroyante, le destin familial semble avoir était comme programmé pour échouer.

La notion de programmation est importante car elle est centrale en psychogénéalogie. Elle nous force à abandonner l'idée réconfortante que notre vie est une page blanche, une ligne droite tracée entre notre naissance et notre mort, dont nous seuls avons la maîtrise de bout en bout. Malheureusement il n'en est rien.

Notre histoire n'est pas linéaire, elle est cyclique. Elle ne se contente pas d'avancer, elle revient sur ses pas, elle rime, elle bégaie. Nos ancêtres sont les compositeurs d'une partition musicale que nous rejouons souvent sans même l'avoir lue. Nous pensons improviser notre vie, alors que nous suivons une mélodie connue, faite de succès inachevés, d'amours impossibles, de départs soudains ou de maladies inexplicables, ayant été vécus par les générations précédentes.

Mettre au jour ces répétitions, comme vient de le faire Léa, c'est allumer la lumière sur l'histoire familiale que nous pensions connaître. Soudain, ce que nous prenions pour des obstacles isolés, cet échec professionnel, cette difficulté à s'engager, cette anxiété financière, apparaissent pour ce qu'ils sont : des traumas ayant appartenu à d'autres.

Maintenant, tournez ce miroir vers vous. Écartez le voile de la *coïncidence* et du *hasard* et osez regarder la trame de votre existence.

Les scénarios qui se répètent : Y a-t-il dans votre vie un schéma qui revient inlassablement ? Tombez-vous toujours sur le même type de partenaire ? Vos projets les plus chers échouent-ils systématiquement juste avant d'aboutir, comme pour les hommes de la famille de Léa ? Avez-vous une tendance à tout quitter, travail, relations, villes, au moment précis où les choses pourraient se stabiliser ?

Les dates et les âges anniversaires : Prenez un instant et réfléchissez. À quel âge avez-vous vécu votre premier grand chagrin d'amour ? Votre premier grand succès ? Votre premier échec cuisant ? Comparez ces âges avec ceux de vos parents, de vos grands-parents lors d'événements similaires. Vous pourriez être stupéfait de découvrir que vous êtes tombé malade à l'âge où votre mère a perdu son père, ou que vous avez saboté votre carrière à l'âge exact où votre grand-père a fait faillite. C'est ce que la psychogénéalogie nomme le **syndrome d'anniversaire.**

La loyauté à l'échec : Le cas de Léa est un archétype de la loyauté invisible à l'échec. Inconsciemment, réussir là où ses aïeux ont échoué pourrait être vécu comme une trahison insupportable. Dépasser l'aïeul, c'est symboliquement le tuer une seconde fois en le laissant seul avec sa faillite. Pour rester un « bon » descendant, loyal à son clan, on se condamne alors à ne jamais faire mieux, à trébucher sur la même marche. Léa, est scrupuleusement loyale à la lignée d'hommes qui n'ont jamais pu concrétiser leurs ambitions. Elle paie leur dette.

Ces répétitions ne sont pas une malédiction. Ce sont des messages transgénérationnels. Des messages de détresse envoyés à travers le temps par des ancêtres dont la souffrance n'a pas été entendue, dont le deuil n'a pas été fait, dont l'échec n'a pas été soldé. Votre symptôme, votre échec répétitif, n'est peut-être que la manifestation de votre fidélité à cette douleur non résolue.

Comprendre cela est vertigineux, mais c'est avant tout un acte de libération. Car si vous jouez une partition écrite par d'autres, cela signifie que vous pouvez apprendre à la lire. Et une fois que vous saurez la lire, vous aurez le pouvoir de décider d'en changer la musique.

L'atelier intérieur : *Cartographier votre Ciel Familial*

Le temps de la contemplation est terminé. Place à l'action. Vous allez maintenant cesser d'être le spectateur de votre histoire pour en devenir le cartographe. L'exercice que je vous propose n'est pas un simple dessin. Vous allez esquisser ce que l'on nomme un génosociogramme qui sera la radiographie de votre héritage psychique. Cet outil n'est pas un arbre généalogique classique. C'est une cartographie familiale vivante des liens, des loyautés, des secrets et des dettes qui traversent les générations.

Étape 1 - La Préparation de l'atelier :

Choisissez un moment où vous ne serez pas dérangé. Coupez votre téléphone. Munissez-vous d'une très grande feuille de papier (le format A3 est un minimum, plusieurs feuilles A4 scotchées ensemble feront l'affaire) et de stylos de différentes couleurs.

Étape 2 - Le Tracé de la structure de l'arbre

Respirez profondément. Au centre, vers le bas de la feuille, commencez par vous.

1. Dessinez-vous : Utilisez un cercle si vous êtes une femme, un carré si vous êtes un homme. Inscrivez à l'intérieur votre prénom et votre date de naissance.
2. Remontez à vos parents : Au-dessus de vous, dessinez votre mère (cercle) et votre père (carré). Reliez-les par un trait horizontal symbolisant leur union, et faites descendre de ce trait une ligne verticale jusqu'à vous. Notez leurs prénoms, dates de naissance, de mariage, et de décès s'il y a lieu.
3. Déployez la fratrie : Si vous avez des frères et sœurs, dessinez-les à votre niveau, reliés à la ligne de vos parents. Respectez l'ordre de naissance, de gauche à droite.
4. Atteignez les grands-parents : Au-dessus de vos parents, répétez l'opération pour vos quatre grands-parents. Vous avez maintenant devant vous l'architecture de base de votre clan sur trois générations. C'est un début, l'idéal étant de remonter sur sept générations.

Étape 3 - L'enrichissement du génosociogramme

Un arbre n'est rien sans ses feuilles, ses cicatrices, ses branches mortes. Nous allons maintenant donner vie à cette structure. Pour chaque personne de votre arbre (vous y compris), notez les informations essentielles :

- Les faits marquants : Métiers exercés, maladies importantes, accidents, migrations (changements de pays ou de région).
- Les événements de vie : Faillites, réussites spectaculaires, projets avortés, mariages, divorces, amours qui ont compté.
- Les "sorts" familiaux : Notez tout ce qui semble être une répétition ou une phrase que vous avez souvent entendue : "Chez nous, les hommes meurent jeunes", "Les femmes de la famille ont toujours été malheureuses en amour", "On a toujours tout perdu".
- Les secrets : Même si vous ne connaissez pas le détail, notez les zones d'ombre, les sujets tabous, les prénoms qu'on ne prononce pas. Un blanc sur la carte est une information en soi. C'est l'emplacement d'une **crypte**.

Étape 4 - La Lecture du génosociogramme

Prenez du recul. Respirez. Et maintenant, regardez. Vous n'avez plus sous les yeux une liste de noms, mais une constellation de destins. Avec des stylos de couleur, devenez le détective de votre propre clan.

- Reliez les dates et les âges : Utilisez une couleur (le rouge, par exemple) pour relier les événements qui se sont produits aux mêmes dates ou aux mêmes âges. Votre licenciement à 35 ans a-t-il un écho avec la faillite de votre grand-père au même âge ?

- Encerclez les prénoms : Utilisez une autre couleur (le bleu) pour entourer les prénoms qui se répètent ou qui se ressemblent.
- Tracez les destins parallèles : Avec une troisième couleur (le vert), tracez une ligne entre les personnes qui ont eu des destins similaires : les mêmes maladies, les mêmes échecs professionnels, les mêmes schémas amoureux.
- Matérialisez les loyautés : Observez qui vous êtes en train de "répéter". Votre difficulté à gagner de l'argent n'est-elle pas une façon d'être loyal à un aïeul ruiné ? Votre célibat n'honore-t-il pas une arrière-grand-mère abandonnée ?

Ne jugez pas. Contentez-vous d'observer. Les lignes que vous êtes en train de tracer sont les fils invisibles qui vous relient au passé. Ce sont les dettes non réglées, les deuils non faits, les amours non vécus. Ce sont les fondations de votre « programmation ».

Cette carte peut être difficile à regarder. Elle peut susciter de la colère, du chagrin, ou un immense sentiment de soulagement. Accueillez tout ce qui vient. Vous venez de faire le pas le plus important : vous apprenez à lire la partition. Et souvenez-vous : on ne peut changer que ce que l'on comprend.

L'apport de la psychogénéalogie : *Le génosociogramme, la cartographie des liens familiaux*

L'arbre que vous avez dessiné est un outil clinique, une méthode d'investigation psychique rigoureuse dont il faut maintenant comprendre les principes. Cet outil porte un nom : le génosociogramme.

Il a été conçu et popularisé en France dans les années 1970, par Anne Ancelin Schützenberger, psychologue, psychothérapeute et professeure d'université émérite. Son travail, pionnier et fondamental, a permis de démontrer que nous sommes les maillons d'une chaîne, influencés par les drames, les secrets et les conflits des générations qui nous précèdent.

Le génosociogramme n'est pas un simple arbre généalogique. C'est la représentation graphique de la matrice invisible qui régit votre famille. Il rend visible la structure psychique, les loyautés et les dettes qui vous animent à votre insu. Pour le déchiffrer, vous devez connaître trois concepts fondamentaux qu'Anne Ancelin Schützenberger a mis en lumière.

1- Le principe de loyauté invisible : La dette inconsciente

C'est le mécanisme central. Pour être accepté et aimé, l'individu se soumet inconsciemment aux règles et aux destins de son clan. Il existe une sorte de « comptabilité » affective et inconsciente dans les familles. Si une dette (un échec, une injustice, une mort prématurée) n'a pas été réglée par une génération, la suivante se sentira inconsciemment obligée de la « payer ».

Cette loyauté nous pousse à répéter pour ne pas trahir. Réussir là où un parent a échoué peut-être vécu par l'inconscient comme une agression, un acte de déloyauté suprême. On s'interdit alors le succès pour rester « fidèle ».

Comment le voir sur votre génosociogramme ?
Observez les répétitions de schémas : les faillites qui se succèdent, les célibats qui se transmettent, les professions que l'on choisit « par fidélité » à un aïeul.

2- Le syndrome d'anniversaire : La mémoire des dates

Anne Ancelin Schützenberger a démontré que l'inconscient familial possède un calendrier d'une précision redoutable. Des événements importants, qu'ils soient heureux ou traumatiques, ont tendance à se manifester à nouveau aux mêmes âges ou aux mêmes dates dans les générations suivantes.

Il ne s'agit pas d'une coïncidence, mais de la réactivation d'une mémoire émotionnelle transgénérationnelle non résolue.

Comment le repérer sur votre génosociogramme ?

Prenez un stylo de couleur. Encerclez l'âge de votre père à votre naissance, l'âge de votre grand-mère à son mariage, l'âge de votre oncle lors de son accident. Comparez-les avec les âges auxquels vous avez vécu des événements marquants (rencontre, maladie, licenciement).

Les correspondances sont souvent la signature d'un syndrome d'anniversaire.

La transmission transgénérationnelle du traumatisme : Le fardeau

Lorsqu'un traumatisme est trop violent ou trop honteux pour être verbalisé et intégré (un suicide, un inceste, une ruine cachée), il ne disparaît pas. Il est transmis à la descendance, mais sous une forme brute, non symbolisée.

Ce qui est transmis n'est pas l'histoire elle-même, mais la charge émotionnelle non digérée qui l'accompagne : l'angoisse, la honte, le chagrin. Le descendant hérite d'un fardeau sans en connaître l'origine, sans la notice. Il ressent des émotions qui ne lui appartiennent pas et peut développer des symptômes (phobies, obsessions, maladies) qui sont en réalité l'écho de la souffrance de l'ancêtre.

Où se cache « le fardeau » sur votre génosociogramme ?

Le fardeau se niche dans les « zones blanches » du récit familial. Un « blanc » ou un « vide » dans un génosociogramme n'est jamais un simple oubli. Ce n'est pas une absence d'information, mais l'information d'une absence. C'est un silence qui hurle. C'est un espace creusé par un événement si lourd, si honteux ou si douloureux que le système familial a dû l'expulser de sa conscience pour survivre.

Qui est cet ancêtre dont on ne parle jamais ? Quelle est la véritable cause de ce décès soudain ?

Le « blanc » est la trace du refoulement originel. C'est l'endroit où le clan a dit « ceci n'a pas existé » et qui pourra être votre fardeau.

DONNEZ VOTRE AVIS

Si ce livre vous touche, vous éclaire ou vous accompagne dans la découverte de la psychogénéalogie… Donnez votre avis.

Dans un océan de publications, chaque avis sincère contribue à faire émerger cet ouvrage et à le faire découvrir à ceux qui en ont besoin. **Laissez votre avis en 2 minutes :**

Scannez ce QR code avec votre smartphone ou votre tablette :

FLASHEZ MOI

(Vous serez redirigé directement vers la page commentaire Amazon du livre)

Chapitre 6 – La Rencontre Initiatique

Le Récit de Léa : *La rencontre éclairante*

Le cabinet de la thérapeute est sobre, baigné d'une lumière douce qui n'apaise en rien le tumulte intérieur de Léa.

Après son après-midi passé dans les archives municipales avec Thomas, Léa avait senti la nécessité d'appeler sa meilleure amie, psychologue, tant elle avait été sonnée par les découvertes effectuées sur sa famille. Elle se rendait compte qu'il lui manquait des bouts d'histoire, et qu'inconsciemment, elle avait toujours su que certaines histoires familiales lui avaient été cachées par sa mère.

Son amie Géraldine l'écouta attentivement, puis lui conseilla de se mettre rapidement en relation avec un psychopraticien spécialisé dans la psychogénéalogie. En effet la répétition dans l'histoire familiale de Léa, fit penser à Géraldine que son aide ne serait pas efficace en la matière.

Après avoir pris contact avec la professionnelle conseillée par sa meilleure amie. Léa, déballa son histoire d'une seule traite. Les rêves de fissures, l'effondrement du mur, le manoir, les plans inachevés de son grand-père, le silence de sa mère.

La praticienne l'écouta sans l'interrompre. Puis, avec des mots calmes et précis, elle commenca à assembler les pièces du puzzle.

« Ce que vous décrivez, Léa, cette sensation de répéter un échec qui ne vous appartient pas tout à fait, porte un nom. En psychogénéalogie, on appelle cela une loyauté invisible. Inconsciemment, pour rester fidèle à un drame familial, vous vous interdisez de réussir là où un aïeul a échoué. »

Elle continue, chaque mot donnant un sens nouveau à l'histoire de Léa.

« Le fait que votre angoisse culmine à l'approche d'un événement professionnel important, alors que vous avez le même âge que votre grand-père lorsqu'il a abandonné son projet de rénovation du manoir de la Castellane, est une manifestation typique du syndrome d'anniversaire. L'inconscient familial a une mémoire précise des dates et des âges clés. »

Enfin, elle aborde la réussite professionnelle de Léa, si brillante en apparence, mais si fragile.

« Votre succès initial vous place en rupture avec l'histoire sociale de votre famille. Ce sentiment d'imposture, cette peur que tout s'effondre, peut relever de ce que l'on nomme la névrose de classe : la culpabilité inconsciente de « trahir » son milieu d'origine. »

Pour la première fois, le chaos prend forme pour Léa. Son vécu n'est pas une défaillance personnelle, mais le symptôme logique d'un trauma familial non résolu.

Le miroir du lecteur : *De la confusion à la clarification*

L'expérience de Léa illustre une étape fondamentale : le passage de la confusion à la clarification. Vous vous sentez peut-être, comme Léa avant cette séance, submergé par des émotions, des schémas répétitifs et des angoisses que vous ne parvenez pas à expliquer. Vous avez peut-être l'impression d'être seul face à un problème qui vous dépasse. Cette sensation que c'est plus fort que vous. Quelque chose résiste, vous empêchant de changer ce qui vous fait souffrir.

Acte 1 - Briser l'isolement sera votre premier acte de courage

Consulter un thérapeute, ouvrir ce livre, oser en parler à un proche… Ces gestes, en apparence anodins, sont en réalité des actes de remise en question. Pas contre vos ancêtres, pas contre votre famille, mais contre le silence. Car le non-dit prospère dans l'ombre de l'histoire familiale, en marge de cette dernière.

En nommant ce que vous vivez, même simplement en le notant sur un papier, vous accomplissez un acte libérateur :

1. Vous légitimez votre ressenti : Non, vous n'êtes pas fou. Ce que vous vivez a un sens, une logique et une histoire.
2. Vous apprendrez à utiliser des outils tels que le génosciogramme ou bien à identifier les loyautés invisibles, un syndrome anniversaire, une crypte ou encore les fantômes qui vous empêchent

d'avancer. Ils permettent d'identifier, de classer et de comprendre des mécanismes qui, jusqu'alors, opéraient dans l'ombre.

En nommant les choses, vous commencez à les maîtriser. Vous passez du statut de victime passive d'un destin à celui d'enquêteur actif de votre propre histoire.

Acte 2 - Passer de la victime à l'enquêteur : le pouvoir des mots

Imaginez un instant que vos symptômes, cette anxiété, cette procrastination, cette douleur chronique, soient des indices, et non des condamnations. Des indices laissés par des générations précédentes, comme des miettes de pain semées sur un chemin que vous n'avez jamais choisi de suivre.

En utilisant les outils mis à votre disposition par la psychogénéalogie, vous pouvez éclairer les recoins de votre inconscient familial. Ces recoins que vous n'aviez jamais imaginé explorer. Et puis soudain, ce qui semblait être une malédiction familiale devient en réalité un mystère à résoudre.

Voici le type d'énigme que vous pourriez avoir à résoudre :

« Pourquoi est-ce que je sabote mes relations au moment où elles deviennent sérieuses ? »
Peut-être portez-vous, sans le savoir, le deuil d'un amour interdit dans votre lignée.
« Pourquoi est-ce que je n'arrive jamais à garder un emploi stable ? »

Peut-être répétez-vous, par fidélité inconsciente, l'exclusion ou la précarité vécue par un aïeul.
« Pourquoi est-ce que mon corps me lâche juste quand je suis sur le point de réussir ? »
Peut-être est-il le réceptacle d'une culpabilité transgénérationnelle : *« Qui es-tu pour oser réussir là où eux ont échoué ? »*

Acte 3 - Le vrai courage : Oser regarder en face

Léa a cru, comme beaucoup, que fuir était une solution. Changer de ville, se réfugier dans le travail, étouffer ses rêves pour ne pas réveiller les fantômes. Mais vous le savez désormais : on ne fuit pas un héritage. Nous pouvons seulement choisir de le comprendre, de l'honorer et de le transformer.

L'atelier intérieur : *Identifier vos contrats de loyauté*

Les loyautés invisibles s'appuient sur des « contrats » passés inconsciemment avec notre clan. Ces contrats prennent souvent la forme de règles, de croyances ou de phrases répétées de génération en génération. Cet exercice a pour but de mettre au jour les vôtres.

Prenez votre carnet et de quoi noter. Nous allons interroger vos fantômes.

Étape 1 : L'inventaire des lois familiales

Listez toutes les phrases, tous les dictons et toutes les croyances qui constituaient la « loi » dans votre famille concernant les thèmes suivants :

1. **L'ARGENT** (la monnaie d'échange et de pouvoir)

- *"On ne parle pas d'argent, c'est vulgaire."*
- *"Dans cette famille, on n'a jamais eu de chance avec l'argent."*
- *"Les riches sont des voleurs."*
- …

2. **LE TRAVAIL & LA RÉUSSITE** (le poids des attentes)

- *"Chez nous, on ne se fait pas remarquer."*
- *"Les études, c'est bien, mais ça ne nourrit pas son homme."* (Ou : *"À quoi bon rêver ?"*)
- *"Mon père a échoué, mon grand-père a échoué… C'est comme ça."*
- *"Il ne faut pas viser trop haut, on risque de décevoir."*
- …

3. **L'AMOUR & LES RELATIONS** (les scripts du cœur)

- *"Les hommes partent toujours."* / *"Les femmes ne sont pas fiables."*
- *"On reste ensemble, même si on est malheureux. C'est le devoir."*
- *"Dans cette famille, on n'a pas de chance en amour."*

- …

4. **LES ÉMOTIONS** (ce qui a le droit d'exister… ou non)

- *"On ne pleure pas, ça ne résout rien."*
- *"Il faut serrer les dents."*
- *"La colère, c'est pour les faibles."*
- *"Si tu montres ta joie, le sort va te punir."*
- …

5. **LA SANTÉ & LE CORPS** (les héritages physiques)

- *"Les femmes de la famille ont toujours eu des problèmes de dos."* (Seraient-elles des porteuses de fardeaux ?)
- *"Chez nous, on ne vit pas vieux."*
- …

Il faudra que vous preniez garde aux contrats déguisés : Certaines phrases semblent positives mais cachent des pièges :

- *"Sois parfait(e) !"* → Sous-entendu : *"Ne nous déçois pas."*
- *"Il faut toujours aider les autres."* → Sous-entendu : *"Tes besoins passent après."*
- *"On est une famille unie."* → Sous-entendu : *"Tu n'as pas le droit de t'éloigner."*

Étape 2 : L'analyse du contrat

Pour chaque phrase que vous avez notée, posez-vous par écrit les deux questions suivantes :

1. Comment ai-je obéi à cette règle dans ma vie ? Donnez des exemples concrets : j'ai refusé une promotion, j'ai quitté un partenaire dès que la relation devenait sérieuse, je n'ose jamais demander d'augmentation...
2. Quel est le prix que je paie ou que j'ai payé pour cette fidélité ? Ex : frustration professionnelle, solitude affective, épuisement, occasions manquées...

Relisez l'ensemble. Vous avez sous les yeux la liste des contrats inconscients qui régissent une partie de vos choix. En prendre conscience est le premier pas indispensable pour pouvoir, plus tard, les renégocier.

Étape 3 : La renégociation du contrat

Vous venez de découvrir les clauses du contrat que vous avez signé sans le savoir. Maintenant, vous avez un choix à faire :

- Soit continuer à payer (en répétant les schémas).
- Soit renégocier le contrat (en écrivant de nouvelles règles).

Prenez une seule loi familiale qui vous pèse particulièrement.

Sur une nouvelle page, écrivez :

1. Je renonce à… *(la vieille clause)*
    - Exemple : « Je renonce à croire que l'amour doit faire souffrir ».
2. Je choisis désormais de… *(la nouvelle loi)*
    - Exemple : « Je choisis des relations où la joie et la sécurité ont leur place »
3. Pour honorer mes ancêtres, je… *(la réparation symbolique)*
    - Exemple : « Pour honorer ma grand-mère, qui a tant souffert en amour, je vis une relation épanouie, ce qu'elle n'a pas pu faire. »

<u>Conseil d'écriture :</u>

- Utilisez le présent (« Je choisis », pas « Je choisirai ») pour ancrer cette décision dans le réel.
- Signez votre nouveau contrat. Ce geste symbolique engage votre inconscient.

<u>L'apport de la psychogénéalogie : *Clarification des concepts Clés*</u>

Pour mener votre enquête, vous avez besoin d'outils précis. La psychogénéalogie s'appuie sur des concepts développés par des chercheurs et des cliniciens, dont vous pourrez trouver ci-dessous certains concepts :

- <u>La loyauté invisible :</u> Concept théorisé par Anne Ancelin Schützenberger. Il désigne l'allégeance inconsciente d'un membre d'une famille aux règles, aux valeurs et aux destins non résolus de son clan. Cette loyauté peut le pousser à répéter des échecs, des maladies ou des accidents pour ne pas « trahir » ses ancêtres.

- Le syndrome d'anniversaire : Également mis en évidence par A. A. Schützenberger. C'est la tendance à la répétition d'un événement marquant (positif ou négatif) à une date précise du calendrier ou à un âge clé correspondant à un événement similaire vécu par un aïeul.
- La névrose de classe : Terme du sociologue Vincent de Gaulejac. Il décrit le conflit psychique interne vécu par une personne qui change de milieu social (un "transfuge de classe"). Cette personne peut être tiraillée entre la loyauté à son milieu d'origine et les codes de son nouveau milieu, ce qui peut générer un fort sentiment de culpabilité, d'illégitimité et conduire à des conduites d'autosabotage.
- La comptabilité familiale (Ivan Boszormenyi-Nagy) : Le psychiatre Ivan Boszormenyi-Nagy postule que toute famille possède un « livre de comptes » immatériel, une balance de dettes et de mérites qui se transmet de génération en génération. Une injustice subie (une faillite, une spoliation, un sacrifice non reconnu) crée une « dette ». Un membre banni du clan est une dette de reconnaissance. Un projet de vie sacrifié est une dette de réalisation. Par loyauté inconsciente au système familial, un descendant sera désigné pour « payer » cette dette. Il pourra par exemple s'interdire de réussir là où l'aïeul a échoué (par fidélité à son échec). Ou au contraire, il se sentira obligé de réussir pour « réparer » l'honneur

familial, mais souvent au détriment de ses propres désirs.

- Le retour du refoulé familial (Inspiré de Sigmund Freud) : Freud a théorisé le « retour du refoulé » pour l'individu : ce qui est chassé de la conscience revient sous forme de symptôme. La psychogénéalogie étend ce concept à la famille. Ce qui est « refoulé » par le groupe (un secret honteux, un drame) ne disparaît pas. Il est simplement enfoui dans l'inconscient familial. Mais cette énergie refoulée doit trouver une sortie. Elle « revient » donc, de manière déformée et méconnaissable, dans les générations suivantes. Le symptôme d'un descendant est le retour masqué d'un événement que le clan a voulu oublier.

Ces concepts ne sont pas des étiquettes destinées à vous enfermer. Ils doivent être utilisés pour éclairer les zones d'ombre de votre histoire.

« Dans chaque famille, vient un être qui choisit de rompre le cycle. En le brisant c'est toute la lignée qui retrouve un souffle nouveau. »

Anne MISCOLIEU

Chapitre 7 – Le Théâtre des Rêves

Le Récit de Léa : *Quand l'inconscient vous parle*

Les nuits deviennent de plus en plus difficiles, et les réveils de plus en plus douloureux. Le sommeil n'est plus une trêve. Depuis sa conversation avec la thérapeute, les rêves de Léa ont gagné en précision. La maison fissurée n'est plus qu'un décor lointain. Désormais, quand le sommeil la prend, elle est sur scène. Elle devient l'interprète d'une vie qui n'est pas la sienne.

Ses mains ne sont plus les siennes. Elles sont plus larges, plus calleuses, celles d'un homme qui dessine des plans sur une grande table en bois. Elle sent sous ses doigts le grain du papier, le froid du métal de la règle. Une passion différente de la sienne emplit sa poitrine : l'excitation de l'architecte qui voit naître son chef-d'œuvre.

Puis la scène bascule. La table à dessin a disparu. Elle est dans une salle de réunion aux murs sombres, debout face à des hommes en costume qui la dévisagent avec mépris. Un homme, dont elle ne voit pas le visage, l'accuse à voix haute. Les mots sont comme des jets de pierres : malversation, détournement de fonds, incompétence, honte. Léa, ou plutôt l'homme qu'elle est devenue, ne répond pas. Elle sent une vague glacée monter de ses pieds à sa gorge. Ce n'est pas de la colère, c'est une humiliation pure, si dense qu'elle paralyse. C'est le sentiment d'être anéantie publiquement, réduite à néant.

Elle se réveille en sueur, le cœur battant, avec le goût amer de cette honte dans la bouche. Une honte qui ne lui appartient pas, mais qui a empoisonné sa nuit et imprégné chaque fibre de son corps.

Elle revoit cet homme, défaillir devant les accusations proférées par ces détracteurs. Sans fondements, sans preuves, l'homme fut malmené par ce tribunal improvisé.

Léa, ressentit chaque sensation, chaque émotion. La violence de la situation, lui fut retranscrite fidèlement. Sa terrible humiliation lors de cette réunion où son grand-père est publiquement accusé. Elle éprouva sa honte, son impuissance, et la décision terrible d'abandonner son chef-d'œuvre, le manoir.

Chaque centimètre carré de son épiderme ressentit l'émotion, l'influx électrique glaçant. Tétanisant.

Peu à peu, le rêve et son ressenti se dissipèrent laissant Léa pantoise.

Le lendemain, Léa reprit contact avec sa psychopraticienne. Elle lui raconte le rêve avec une précision qui la surprend elle-même. Chaque détail lui revient : la texture du papier, le froid du métal, le poids de la honte sur sa poitrine.

La praticienne l'écoute, puis hocha la tête lentement.

« Vous venez de vivre ce que l'on appelle un **rêve d'identification transgénérationnelle**. Vous ne rêviez pas *de* votre grand-père. Vous rêviez *en tant que* lui. Votre inconscient vous a prêté son corps, sa mémoire émotionnelle, pour que vous puissiez enfin ressentir ce qu'il n'a jamais pu dire. »

Léa frissonne. Pour la première fois, elle comprend : ce n'est pas elle qui a échoué. Elle porte encore la honte de son ancêtre, enkystée dans son propre corps.

« Et maintenant ? demande-t-elle d'une voix tremblante.
- Maintenant, répond la thérapeute, vous allez apprendre à écouter vos nuits. »

Le miroir du lecteur : *Ce cauchemar qui ne nous appartient pas*

Ce cauchemar qui revient, encore et encore. Ce scénario immuable qui se joue dans votre sommeil depuis des années, vous laissant au réveil avec ce même sentiment de terreur, de tristesse ou d'angoisse. Vous connaissez cette expérience. Vous l'avez peut-être expliquée par le stress, une anxiété latente, ou simplement comme une bizarrerie de votre esprit. Vous vous êtes demandé : Pourquoi ce rêve ? Qu'est-ce qui ne va pas chez moi ?

Et si la question n'était pas la bonne ? Et si la véritable question était : À qui appartient ce rêve ?

La psychogénéalogie nous invite à faire un pas de côté radical. Elle nous propose de ne plus voir ces rêves récurrents et "étranges" comme un symptôme de *notre* histoire personnelle, mais comme l'écho d'une histoire qui nous précède. L'archive d'un drame familial qui n'a jamais été verbalisé, d'une émotion si violente qu'elle n'a pu être digérée par celui ou celle qui l'a vécue. Alors, elle s'est transmise. Silencieusement. Intact. Jusqu'à trouver une porte d'entrée : votre sommeil.

Comment reconnaître un rêve transgénérationnel ? Certains signes ne trompent pas :

- **Le sentiment d'être un "acteur" :** Comme Léa, vous avez l'impression de jouer un rôle. Vous ressentez des émotions, des pensées, qui ne semblent pas être les vôtres. Vous êtes dans un corps ou un lieu qui vous est à la fois intime et inconnu.
- **L'émotion disproportionnée :** L'angoisse ou le chagrin que vous ressentez au réveil est sans commune mesure avec les événements de votre vie actuelle. Elle vous submerge, comme une vague venue d'ailleurs, et peut teinter toute votre journée d'une couleur qui ne lui appartient pas.
- **La répétition d'un scénario de blocage :** Le rêve vous place systématiquement face à une impasse : une porte que vous ne pouvez pas ouvrir, un mot que vous ne pouvez pas dire, une chute sans fin, une fuite où vous n'avancez pas. C'est souvent la métaphore exacte du drame non résolu de l'ancêtre.

Si ces descriptions résonnent en vous, alors comprenez bien ceci : vous n'êtes pas la victime de ce rêve. Vous en êtes le destinataire.

Votre sensibilité, votre histoire, font de vous la première personne de votre lignée capable d'accueillir ce message. Ce qui était perçu comme un parasite nocturne devient alors un messager. Le rêve n'est plus là pour vous tourmenter, mais pour vous informer. Il frappe à la porte de votre conscience pour vous dire : « Regarde ici. C'est ici que ça s'est noué. C'est cette injustice, cette honte, ce secret qui demande à être mis en lumière. »

Ce cauchemar n'est pas votre fardeau. C'est votre symptôme, votre héritage. Et il contient en lui-même la carte qui mène à votre propre libération. La question n'est plus de savoir comment le faire taire, mais comment apprendre à l'écouter.

L'atelier intérieur : *Le journal des émotions nocturnes*

Cet exercice va au-delà d'un simple journal de rêves. Il se concentre sur la trace émotionnelle et sensorielle que la nuit laisse en vous.

Pendant une semaine, vous allez noter chaque matin vos émotions, sensations et images résiduelles. À la fin de cette semaine, vous disposerez d'une carte précise des territoires émotionnels qui vous habitent, peut-être depuis des générations.

Étape 1 : Préparation de l'atelier

- Préparez un carnet dédié uniquement à cet exercice.
- Placez ce carnet et un stylo sur votre table de nuit, à portée de main.
- Avant de vous coucher, prenez un moment pour vous centrer. Vous pouvez méditer, respirer profondément ou simplement vous rappeler de

l'intention de cet exercice : devenir un observateur fin de vos nuits.

Étape 2 : Journalisation quotidienne

Chaque matin, au réveil, avant même de vous lever, prenez votre carnet et notez les réponses aux questions suivantes. Ne réfléchissez pas trop, notez ce qui vient spontanément.

Émotion dominante :

Quelle est l'émotion dominante que je ressens ce matin ? (Tristesse, colère, peur, confusion, paix, etc.)
Est-elle liée à ma vie actuelle ou semble-t-elle surgir de nulle part ?
Exemple :
Émotion dominante : Tristesse profonde.
Lien avec la vie actuelle : Non, cette tristesse semble venir de nulle part, elle est très lourde et différente de ma tristesse habituelle.

Sensation physique :

Quelle sensation physique est présente dans mon corps ? (Une boule dans la gorge, un poids sur la poitrine, une tension dans la nuque, une chaleur dans le ventre, etc.
Exemple :
Sensation physique : Une boule dans la gorge, comme si je retenais un sanglot.

Image, son ou mot résiduel :

Y a-t-il une image, même floue, un son ou un mot qui me reste du rêve ? (Ex : la couleur rouge, le bruit de portes qui claquent, le mot "injuste" qui se répète).

Exemple :

Image résiduelle : Une grande maison sombre avec des portes closes.

Son résiduel : Un claquement de porte.

Mot résiduel : "Injuste".

Étape 3 : Analyse hebdomadaire

À la fin de la semaine, relisez vos notes et posez-vous les questions suivantes :

1. **Récurrence émotionnelle :**
    - Quelles émotions reviennent le plus souvent ?
    - Ces émotions sont-elles familières dans votre vie quotidienne ou semblent-elles étrangères, comme si elles venaient d'ailleurs ?
2. **Récurrence sensorielle :**
    - Quelles sensations physiques reviennent le plus souvent ?
    - Ces sensations sont-elles liées à des émotions spécifiques ?
3. **Récurrence d'images, de sons ou de mots :**
    - Quelles images, sons ou mots reviennent le plus souvent ?
    - Ces éléments semblent-ils liés à des émotions ou des sensations spécifiques ?

Étape 4 : Interprétation et réflexion

Maintenant que vous avez identifié les récurrences, posez-vous cette question clé :

"Quelle histoire qui n'est peut-être pas la mienne cherche à être entendue à travers moi ?"

Prenez le temps de réfléchir à cette question. Vous pouvez écrire vos réflexions dans votre carnet. Ne cherchez pas à avoir une réponse précise tout de suite. L'important est de commencer à vous poser la question et d'être ouvert à ce qui émergera.

Exemple d'analyse :

Supposons que vous ayez noté les éléments suivants pendant votre semaine de journalisation :

Émotion dominante : Tristesse profonde (3 fois), Colère (2 fois), Peur (2 fois).

Sensation physique : Boule dans la gorge (3 fois), Poids sur la poitrine (2 fois), Tension dans la nuque (2 fois).

Image résiduelle : Grande maison sombre (3 fois), Porte close (2 fois).

Son résiduel : Claquement de porte (3 fois).

Mot résiduel : "Injuste" (2 fois).

En analysant ces éléments, vous pourriez vous demander :

- Pourquoi la tristesse profonde est-elle si récurrente ?
- Pourquoi la grande maison sombre et les portes closes apparaissent-elles si souvent ?
- Pourquoi le mot "injuste" revient-il ?

Ces questions pourraient vous mener à explorer des histoires familiales liées à des maisons, à des injustices ou à des sentiments de tristesse profonde.

Conclusion :

À la fin de cette semaine, vous aurez une carte précise des territoires émotionnels qui vous habitent. Ces émotions, sensations et images pourraient être des messages de votre inconscient familial. En les identifiant et en les reconnaissant, vous faites le premier pas pour les comprendre et, éventuellement, les libérer.

Conseils supplémentaires :

- Soyez régulier : Essayez de noter vos réponses chaque matin, même si vous ne vous souvenez pas bien de vos rêves.
- Soyez honnête : Notez ce qui vient spontanément, sans chercher à rationaliser ou à censurer.
- Soyez patient : Les réponses à vos questions pourraient ne pas venir tout de suite. Laissez le temps à votre inconscient de se révéler.

L'apport de la psychogénéalogie : *Le rêve, théâtre de la transmission inconsciente*

Ce chapitre explique *pourquoi* le rêve est le théâtre privilégié où les symptômes se manifestent.

Nous avons appris à considérer nos rêves comme une sorte de digestion psychique des événements de la journée, ou comme l'expression de nos désirs et peurs personnels. C'est une lecture juste, mais incomplète.

Car durant le sommeil, nos défenses conscientes s'abaissent. Le gardien de notre esprit rationnel, celui qui analyse, juge et censure, s'endort lui aussi. Cet état de conscience modifié ouvre un canal direct avec les couches les plus profondes de la psyché, y compris l'inconscient familial.

Le fantôme transgénérationnel n'est pas une idée, c'est un "enkystement psycho-sensoriel". C'est une émotion (la honte, la peur, l'injustice) bloquée dans la mémoire du clan. Pour se transmettre, cette émotion emprunte la voie la plus directe, celle qui contourne l'intellect : la voie du ressenti. Le rêve permet cela. Il ne nous *raconte* pas l'humiliation du grand-père, il nous la fait *vivre* dans notre propre corps.

Il faut distinguer deux phénomènes :

- Rêver ***de*** son ancêtre : C'est un processus de mémoire, de deuil. On voit l'aïeul dans une scène.
- Rêver ***en tant que*** son ancêtre : C'est un processus d'identification transgénérationnelle, comme celui que vit Léa. Le descendant prête

son corps et son appareil psychique pour que la scène traumatique originelle soit enfin "rejouée" et ressentie.

Ce type de rêve est un diagnostic d'une précision absolue, nous faisant toucher du doigt la nature exacte de la blessure enkystée.

La psychogénéalogie ouvre une porte : celle du rêve comme archive de l'âme familiale. Certains rêves, et surtout les cauchemars récurrents, ne sont pas des messages de *votre* inconscient, mais de *l'inconscient de votre clan*. Ils agissent comme des fragments de mémoire brute, des scènes traumatiques non résolues qui se rejouent nuit après nuit, génération après génération, cherchant un descendant capable de les accueillir, de les ressentir et, enfin, de les comprendre. L'émotion que vous ressentez au réveil, cette angoisse, cette tristesse ou cette colère qui semble étrangère, est peut-être la signature exacte de la souffrance d'un aïeul.

« Dans le grand cercle familial, il y a toujours une âme qui dit oui à la transformation transgénérationnelle. Ce "oui" libère tout un arbre. »

Anne MISCOLIEU

PROLONGEZ L'EXPÉRIENCE ET TÉLÉCHARGEZ VOS MÉDITATIONS TRANSGÉNÉRATIONNELLE INÉDITES

Les mots que vous venez de lire peuvent continuer à résonner en vous, mais parfois, l'intégration passe par une autre voie, c'est pourquoi j'ai enregistré pour vous trois méditations inédites, conçues pour vous accompagner dans votre cheminement personnel:

- Une méditation d'ancrage
- Une méditation de libération transgénérationnelle
- Une méditation de gratitude envers vos ancêtres

Ces audios sont offerts pour prolonger votre travail intérieur, à votre rythme. Scannez le QR Code et téléchargez vos méditations transgénérationnelles.

Anne MISCOLIEU

Chapitre 8 : La voix étouffée

Le récit de Léa : *Le fantôme dans les archives*

Quelques jours après le commencement des recherches Léa et Thomas se redonnèrent rendez-vous aux archivages locales dans la section des microfilms. Guidée par les bribes de son rêve, Léa faisait défiler les microfilms avec une obstination fiévreuse, comme si elle savait quoi chercher. Les images tremblaient sur l'écran, des instantanés d'un passé qu'elle n'avait pas vécu, mais qui, elle le sentait, avait façonné sa vie de manière insidieuse. Son ami archiviste, Thomas, l'observait en silence, conscient de l'importance de cette quête pour elle.

Soudain, l'écran s'illumina d'un titre en gras, brutal, qui semblait saillir de la page jaunie : "Scandale du Manoir de la Castellane : L'Architecte E. CORTAVO pris en flagrant délit de corruption." Le souffle de Léa se bloqua dans sa gorge. Sous le titre, une photo en noir et blanc de son grand-père, le visage décomposé, les yeux hagards, emmené par deux gendarmes. L'article était violent, accusateur, rempli de détails sordides qui peignaient son grand-père comme un homme sans scrupules, un fraudeur, un être indigne de confiance.

Mais quelque chose clochait. Les mots semblaient trop appuyés, trop affirmés, comme si l'auteur avait cherché à convaincre plutôt qu'à informer. Léa sentit une bouffée de colère monter en elle. Ce n'était pas l'homme qu'elle avait entrevu dans ses rêves, cet architecte passionné, visionnaire, dont les plans inachevés laissaient transparaître le génie de leur créateur. L'homme sur la photo était hagard, démuni, et semblait ne pas comprendre ce qui lui arrivait. Elle se plongea plus profondément dans les archives, fouillant avec une énergie désespérée, comme si sa propre vie en dépendait.

Thomas, fit également une trouvaille de son côté, et apporta à Léa, une liasse de documents oubliés, cachés au fond d'une boîte marquée "Affaires classées". Parmi eux, des lettres jaunies, des témoignages étouffés, des preuves qui révélaient une tout autre histoire. Un concurrent jaloux, proche du maire de l'époque, avait orchestré une cabale pour discréditer son grand-père et s'approprier le chantier du manoir de la Castellane. Les accusations de corruption étaient des mensonges éhontés, des manipulations pour masquer une spoliation honteuse.

L'injustice était totale, l'honneur de son grand-père bafoué, non par une faute ce dernier, mais par la malveillance des hommes. Léa sentit, paradoxalement un poids énorme lui écraser la poitrine, et presque simultanément, la chape de plomb, qui l'avait oppressée toute sa vie, se souleva de ses épaules. Ce n'était pas seulement une révélation historique, c'était une clé qui ouvrait toutes les portes de son propre passé.

Et dans cet instant, sous la lumière blafarde de la liseuse, Léa comprit. Elle comprit sa mère. Son silence n'était pas un rejet. Ses "Range ça", ses "Tu remues la merde", ses colères froides... Tout cela n'était pas un mur, mais un rempart. Un bouclier dérisoire qu'elle avait forgé toute sa vie, non pas pour cacher une faute, mais pour contenir une honte si corrosive qu'elle menaçait de tous les anéantir.

Sa mère n'était pas la gardienne d'un crime, elle était la gardienne d'une douleur inguérissable. Le secret n'était pas l'aveu d'une culpabilité, mais le symptôme d'une blessure trop profonde pour être exposée à l'air libre. Et maintenant, Léa tenait cette vérité entre ses mains, comme un charme brisé, libérant des forces qu'elle ne pouvait encore mesurer.

Léa, avait obéi sans le savoir, à ce secret, à ce silence imposé. En sabotant ses propres succès, en fuyant les projecteurs, en choisissant des relations où elle se faisait toujours « petite », elle avait perpétué la loi du silence. Elle avait porté la honte comme un héritage.

Mais aujourd'hui, la vérité éclate dans cette salle d'archive, des décennies après les faits. Et avec elle, une question brûlante : *Et si elle pouvait briser le cycle ?*

Le miroir du lecteur : *La honte, votre cage invisible*

La honte est un poison qui ronge celui qui la subit ; elle s'infiltre dans le sol familial et empoisonne les racines pour des générations. Lorsqu'une injustice n'est pas reconnue, lorsque la victime est privée de sa dignité, la honte prend le relais et devient un trauma qui se transmet comme un héritage. Un héritage silencieux et toxique.

La honte, s'incruste dans l'identité et dans l'histoire familiale. Elle devient une seconde peau, une façon d'être au monde que l'on transmet sans le vouloir, comme on transmet la couleur de ses yeux ou la forme de son nez.

Faites une pause et regardez votre vie

Arrêtez-vous un instant. Posez ce livre. Respirez profondément et posez-vous cette question avec une honnêteté brutale : où est-ce que je me fais petit, discret, dans ma vie ?

Ne cherchez pas les grandes catastrophes. Cherchez les micro-renoncements quotidiens, les instants où vous vous effacez par réflexe, comme si votre présence même était une intrusion.

- Cette incapacité à demander une augmentation méritée, alors que vous savez pertinemment que vous en faites trois fois plus que vos collègues. Vous préparez mentalement votre argumentaire, vous le répétez sous la douche, et au moment de frapper à la porte de votre supérieur... vous trouvez une excuse pour reporter. Encore. Toujours.
- Cette peur panique de prendre la parole en public, même pour poser une simple question. Votre cœur s'emballe, vos mains deviennent moites, votre gorge se noue. Vous avez quelque chose d'intelligent à dire, mais vous restez silencieux, persuadé que si vous ouvrez la bouche, on vous jugera, on vous ridiculisera, on vous réduira à néant.
- Ce sentiment d'imposture qui vous murmure que vous allez être démasqué, même quand vous réussissez. Vous avez décroché le poste, remporté le contrat, obtenu la reconnaissance, mais au lieu de savourer, vous vous dites : "Ils vont finir par comprendre que je ne suis pas à la hauteur. Ce n'est qu'une question de temps."
- Cette manie de vous excuser d'exister, de ne pas vouloir déranger. "Pardon de te déranger", "excuse-moi de prendre de ton temps", "désolé de poser cette question bête"... Vous vous excusez de respirer l'air commun, comme si votre simple présence était une faute.

Ces comportements ne sont pas des défauts de caractère. Ce sont des symptômes. Les symptômes d'une honte héritée.

Le fantôme qui vous dicte votre conduite

Arrêtez de croire que c'est un trait de caractère ou un manque de confiance. C'est souvent le fantôme de la honte qui vous dicte votre conduite.

Imaginez la scène : votre grand-père, votre arrière-grand-mère, ou un ancêtre plus lointain encore, a vécu une humiliation publique. Une injustice flagrante. Un déshonneur immérité. Peut-être une faillite frauduleuse, une accusation calomnieuse, un vol de propriété, une trahison conjugale exposée sur la place publique, une exclusion sociale brutale.

À l'époque, il ou elle n'a eu droit ni à la justice, ni à la réhabilitation. Juste au silence. Un silence écrasant qui a transformé la victime en coupable aux yeux de la communauté, et pire encore, à ses propres yeux.

Cet aïeul a enfoui sa honte, mais elle traverse souvent les générations pour resurgir chez un descendant qui aura pour mission de la révéler.

Vous, descendant, vous ne connaissez pas l'histoire. On ne vous l'a jamais racontée. Peut-être est-elle devenue un "on ne parle pas de ça", un blanc dans l'arbre généalogique, une zone d'ombre que personne n'ose éclairer. Mais votre inconscient, lui, sait. Votre corps, lui, se souvient.

Et pour protéger la lignée d'une nouvelle humiliation, pour ne pas réveiller le souvenir de la chute, vous adoptez des stratégies de survie inconscientes :

Les trois stratégies de survie de la honte héritée

1. Vivre petit : L'invisibilité comme bouclier

« Si je ne me fais pas remarquer, on ne pourra pas me détruire. »

Vivre petit, c'est faire profil bas en toutes circonstances. C'est refuser les projecteurs, fuir les responsabilités visibles, se contenter de la deuxième place. C'est dire « non merci » aux opportunités qui vous exposeraient, même si elles correspondent à vos rêves les plus profonds.

Vivre petit, c'est choisir un métier en dessous de ses compétences, rester dans une relation médiocre par peur de se retrouver seul, ne jamais oser la couleur vive, la coupe audacieuse, l'avis tranché.

Vous pensez que c'est de la modestie ? C'est de la terreur déguisée. La terreur que si vous montez trop haut, quelqu'un vous fera tomber, comme on a fait tomber votre ancêtre.

2. Se saboter : L'échec anticipé

« Si je m'arrête juste avant la ligne d'arrivée, personne ne m'enviera. Personne ne voudra ma peau. »

Le sabotage inconscient est l'une des stratégies les plus dévastatrices. Vous êtes à deux doigts de réussir, et soudain, vous troquez tout. Vous ratez un rendez-vous crucial. Vous oubliez un document essentiel. Vous provoquez une dispute avec votre partenaire juste avant un événement important. Vous tombez malade la veille d'une présentation décisive.

Ce n'est pas de la malchance. C'est votre inconscient qui tire le frein à main, persuadé que le succès attire la jalousie, et que la jalousie mène à la destruction. Quelque part dans votre mémoire familiale, il y a l'histoire d'un ancêtre qui a réussi, qui a brillé, et qui a été détruit pour cela. Peut-être par des concurrents, peut-être par des voisins envieux, peut-être par sa propre famille.

Alors vous préférez échouer vous-même, contrôler votre propre chute, plutôt que de risquer d'être précipité du haut de la falaise.

3. Hyper-Contrôler : La dictature de la perfection

« Si je contrôle tout, si je suis parfait, irréprochable, on ne pourra rien me reprocher. »

L'hyper-contrôle est une autre face de la honte héritée. Vous passez votre vie à vérifier, anticiper, prévoir, planifier. Vous ne laissez rien au hasard. Votre maison est impeccable, votre travail est irréprochable, votre vie ressemble à une vitrine de magazine.

Mais à quel prix ? Vous êtes épuisé. Rongé par l'anxiété. La moindre imperfection vous met dans des états de panique disproportionnés. Un grain de sable dans votre machine bien huilée, et c'est l'effondrement.

Pourquoi ? Parce que dans votre mémoire transgénérationnelle, il y a l'histoire d'un ancêtre dont la vie a basculé à cause d'un détail. Un papier mal signé, une parole mal interprétée, une erreur minuscule qui a eu des conséquences catastrophiques.

Alors vous tentez de maîtriser l'incontrôlable. Vous vivez sous tension permanente. Et vous transmettez cette tension à vos enfants, qui grandiront avec la certitude qu'ils doivent être parfaits pour être aimés.

Vous construisez votre cage invisible

La honte d'un aïeul devient votre cage invisible. Vous en respectez les barreaux sans même savoir qu'ils existent.

Vous croyez que c'est « votre façon d'être », que « vous avez toujours été comme ça », que « c'est votre personnalité ». Vous avez peut-être même développé une forme d'attachement à ces limitations. Elles sont devenues votre zone de confort, aussi douloureuse soit-elle.

Mais reconnaître cela n'est pas chercher une excuse. Ce n'est pas dire : « C'est la faute de mes ancêtres, je ne peux rien y faire. » C'est exactement l'inverse.

C'est identifier la nature de votre prison pour enfin trouver la clé.

Car tant que vous croyez que ces comportements viennent de vous, de votre nature profonde, vous ne pouvez rien y faire. Vous êtes condamné à les subir. Mais dès l'instant où vous comprenez qu'ils sont le fruit d'une loyauté invisible envers un ancêtre blessé, tout change.

Vous pouvez alors dire : « Cette honte n'est pas la mienne. Je la reconnais, je la respecte, mais je n'ai pas à la porter. Je peux choisir de vivre autrement. »

Question pour vous:

Quelle cage invisible régit votre vie ? Dans laquelle de ces trois stratégies vous reconnaissez-vous le plus ?

- Vivez-vous petit, en vous effaçant constamment ?
- Vous sabotez-vous juste avant de réussir ?
- Tentez-vous de tout contrôler, dans une quête épuisante de perfection ?

Notez votre réponse. Nous allons travailler dessus dans l'atelier qui suit.

L'atelier intérieur : *Identifier la honte cachée*

Cet exercice est court, mais ne vous y trompez pas : il peut réveiller des émotions puissantes. Allez-y avec douceur et bienveillance envers vous-même.

L'exercice : Le repérage de la honte

Prenez votre carnet et répondez aux questions suivantes par écrit. Soyez honnête. Ne censurez rien. Personne d'autre que vous ne lira ces lignes.

1. L'événement honteux

Y a-t-il dans votre histoire familiale un événement dont on ne parle jamais, ou seulement à mots couverts ?

- Une faillite retentissante ?
- Une maladie « honteuse » (folie, dépression, suicide, alcoolisme) ?
- Une naissance illégitime ?
- Une spoliation, une trahison, une injustice ?
- Un membre de la famille banni, exclu, effacé des photos ?

Notez l'événement en une phrase simple : *Exemple : « Mon grand-père a fait faillite et a perdu toutes ses terres. »*

2. Le silence qui l'entoure

Comment cet événement a-t-il été raconté dans votre famille ? Ou au contraire, comment a-t-il été tu ?

- En parle-t-on ouvertement, ou seulement par allusions embarrassées ?
- Y a-t-il des expressions récurrentes pour l'évoquer sans le nommer « On ne parle pas de ça », « C'est du passé », « Il vaut mieux oublier » ?
- Qui dans la famille refuse catégoriquement d'en parler ?

Notez en quelques mots la nature du silence : *Exemple : « Ma mère refuse d'en parler. » Mon père dit juste : « C'était une époque difficile, puis change de sujet. »*

3. L'impact sur les générations suivantes

Quel impact cette honte a-t-elle eu sur les choix de vie de vos parents ou grands-parents ?

- Se sont-ils faits tout petits socialement ?
- Ont-ils évité de prendre des risques, de se mettre en avant ?
- Ont-ils développé une méfiance excessive envers les autres ?
- Ont-ils transmis des injonctions du type : "Ne fais pas de vagues", "Reste discret", "Méfie-toi de tout le monde" ?

Notez un comportement ou une phrase qui témoigne de cet impact :

Exemple : "Ma mère a toujours refusé les promotions. Elle disait : 'Il ne faut pas se faire remarquer, ça attire les jaloux.'

4. L'impact sur votre propre vie

Et vous ? En quoi cette honte familiale influence-t-elle vos propres choix ?

- Vous sabotez-vous avant de réussir ?
- Avez-vous peur de briller, d'être visible ?
- Vous sentez-vous obligé(e) de rester "petit(e)" pour ne pas trahir la lignée ?

Notez un comportement récurrent dans votre vie qui pourrait être relié à cette honte :

Exemple : "Je n'ose jamais demander d'augmentation, même quand je la mérite. J'ai peur qu'on me rejette si je me mets en avant."

Ce que vous venez de faire

Vous venez de nommer ce qui était innommable. Vous avez mis des mots sur un silence toxique. Vous avez établi un lien entre une honte ancestrale et vos propres limitations. Ce simple acte de reconnaissance est déjà un début de libération. Vous avez ouvert une porte. Dans les chapitres suivants, nous irons plus loin : nous ouvrirons la crypte, nous réhabiliterons l'ancêtre, et nous vous libérerons du poids de cette honte qui n'a jamais été la vôtre.

L'apport de la psychogénéalogie : *Le poids de l'injustice et de la honte - Ouvrir la crypte*

Si l'exercice précédent vous a permis de nommer la honte cachée dans votre lignée, il est temps maintenant de comprendre pourquoi cette honte a un tel pouvoir sur vous, et comment vous pouvez vous en libérer.

Pour cela, nous devons nous appuyer sur l'un des concepts les plus puissants et les plus éclairants de la psychanalyse transgénérationnelle : la théorie de la crypte et du fantôme, développée par les psychanalystes Nicolas Abraham et Maria Torok, et enrichie par les travaux de Serge Tisseron sur la crypte mémorielle.

A. La crypte : Quand le secret devient tombeau psychique

Imaginez ceci : un événement traumatique survient dans la vie d'un de vos ancêtres. Une injustice terrible, une humiliation publique, une trahison, une perte insoutenable. Cet événement est si douloureux, si intolérable, que la personne qui le subit ne peut pas le métaboliser. Elle ne peut ni en parler, ni le pleurer, ni même l'intégrer à son histoire consciente.

Alors, que fait son psychisme pour survivre ? Il enkyste le traumatisme. Il le met sous cloche, dans une zone psychique verrouillée, coupée du reste de la conscience. Abraham et Torok appellent cette zone : la crypte.

La crypte est un tombeau intérieur où le secret, l'indicible, la honte sont enterrés vivants. L'ancêtre construit des murs psychiques autour de cette douleur pour ne plus la sentir, pour pouvoir continuer à vivre. Le problème, c'est que ce qui est enterré vivant ne meurt jamais. Le secret continue d'exister, figé dans le temps, actif mais invisible.

Exemple concret : Le grand-père de Léa, victime d'une cabale, a été accusé publiquement de corruption. Son honneur a été détruit, sa carrière brisée. Mais personne dans la famille n'a pu faire reconnaître cette injustice. Au contraire, le silence s'est imposé. « On ne parle pas de ça. » « Il vaut mieux oublier. » Le traumatisme a été enkysté dans une crypte familiale. Et cette crypte, Léa la porte en elle sans le savoir.

B. Le fantôme : Quand le secret des morts hante les vivants

Mais l'histoire ne s'arrête pas là. Car ce qui est enfermé dans la crypte d'un ancêtre ne reste pas sagement dans sa tombe. Il cherche à sortir. Il cherche une voix. Il cherche une réparation.

C'est ici qu'intervient le concept du fantôme.

Le fantôme, selon Abraham et Torok, est la présence active du secret d'un ancêtre dans la vie psychique d'un descendant. Ce n'est pas une métaphore poétique. C'est un mécanisme psychologique réel : les émotions non exprimées, les traumatismes non reconnus d'une génération "infiltrent" l'inconscient de la génération suivante.

Le descendant (vous, moi, Léa) ne comprend pas pourquoi il se sabote, pourquoi il a peur de réussir, pourquoi il se sent coupable dès qu'il brille. Il ne sait pas qu'il est habité par la honte d'un ancêtre, qu'il rejoue inconsciemment une scène qui ne lui appartient pas.

Le fantôme, c'est la charge émotionnelle non résolue de l'ancêtre qui vient "squatter" la vie du descendant.

Exemple concret : Léa se paralyse chaque fois qu'elle est sur le point de réussir un projet d'envergure. Cette paralysie n'est pas "sa" peur. C'est le fantôme de son grand-père qui, à travers elle, continue de fuir l'humiliation, de refuser l'exposition, de se protéger du regard des autres. Léa porte le symptôme d'un traumatisme qu'elle n'a pas vécu, mais dont elle a hérité.

C. La crypte mémorielle de Serge Tisseron : Le secret à plusieurs étages

Serge Tisseron, psychiatre et psychanalyste français, a enrichi et nuancé la théorie d'Abraham et Torok en introduisant le concept de crypte mémorielle. Selon lui, le secret familial fonctionne comme une structure à plusieurs niveaux, qui se transmet et se transforme au fil des générations.

Tisseron, distingue trois générations dans la transmission du secret :

1. La Première Génération : Celle qui vit le traumatisme

C'est la génération qui subit directement l'événement traumatique (le grand-père de Léa, accusé à tort). Cette génération sait ce qui s'est passé, mais ne peut pas en parler. Le traumatisme est trop honteux, trop douloureux, trop dangereux socialement. Alors, elle se tait. Elle crée la crypte.

Ce qui caractérise cette génération : le silence actif. Elle choisit consciemment de ne pas dire, de ne pas transmettre, croyant ainsi protéger ses enfants.

2. La Deuxième Génération : Celle qui pressent le secret

C'est la génération des enfants directs (la mère de Léa). Cette génération ne connaît pas les faits précis, mais elle capte l'émotion. Elle grandit dans une atmosphère étrange, lourde, inexpliquée. Il y a des zones interdites dans les conversations, des sujets tabous, des réactions émotionnelles disproportionnées.

Cette génération développe des comportements, des angoisses, des interdits qui semblent n'avoir aucun sens logique, mais qui sont en réalité les symptômes du secret non-dit.

La mère de Léa, par exemple, interdit à sa fille de parler de son grand-père, manifeste une anxiété terrible dès que Léa prend des risques professionnels. Elle ne sait pas exactement pourquoi elle réagit ainsi, mais elle est la gardienne inconsciente de la crypte.

Ce qui caractérise cette génération : l'angoisse sans objet. Elle souffre d'un mal qu'elle ne peut nommer.

3. La troisième génération : Celle qui enquête

C'est la génération des petits-enfants (Léa). Cette génération ne sait rien du tout, mais elle en paie le prix le plus lourd. Elle subit les conséquences du secret sans en avoir la moindre clé de compréhension.

Paradoxalement, c'est souvent cette troisième génération qui va briser le silence. Pourquoi ? Parce qu'elle est suffisamment éloignée du traumatisme d'origine pour ne pas en avoir honte directement, mais suffisamment touchée par ses effets pour vouloir comprendre.

Léa, en explorant le manoir, en fouillant les archives, en confrontant sa mère, accomplit ce travail d'enquête que les générations précédentes n'ont pas pu faire. Elle ouvre la crypte mémorielle.

Ce qui caractérise cette génération : la quête de vérité. Elle doit savoir pour se libérer.

D. Le suintement du secret : Comment l'indicible se transmet

Tisseron insiste sur un point crucial : on ne transmet jamais rien par le silence. Au contraire, le secret "suinte" à travers tous les canaux non verbaux.

Le secret se transmet par :

- Les gestes : Une main qui tremble quand on évoque un sujet, un regard qui se détourne.
- Les interdits inexpliqués : « Ne fais pas ce métier. » « N'habite pas dans cette ville. » Sans jamais dire pourquoi.
- Les dates anniversaires : Des dépressions, des accidents, des maladies qui surviennent systématiquement aux mêmes dates que le traumatisme d'origine.
- Les répétitions de destins : Faillites, séparations, échecs qui se reproduisent de génération en génération.
- Les symptômes physiques : Migraines, douleurs chroniques, maladies psychosomatiques qui incarnent littéralement la souffrance non dite.

Exemple concret : Léa ne sait rien de l'histoire de son grand-père, mais elle fait des cauchemars de maisons qui s'effondrent. Elle sabote systématiquement ses projets architecturaux. Elle ressent une angoisse paralysante dès qu'elle doit présenter son travail en public. Tous ces symptômes sont les suintements du secret familial dans sa propre vie.

E. Ouvrir la crypte : Le chemin de la libération

La bonne nouvelle, c'est que ce qui a été enkysté peut-être ouvert. Ce qui a été tu, peut être dit. Ce qui a été figé peut-être libéré.

Le travail de guérison transgénérationnelle consiste précisément à "ouvrir la crypte mémorielle".

Cela signifie :

1. Nommer l'injustice :

Mettre des mots sur ce qui s'est réellement passé. Reconnaître les faits : « Mon grand-père a été victime d'une cabale. Il a été accusé à tort. Son honneur a été détruit. »

2. Légitimer la souffrance :

Donner le droit à l'ancêtre d'avoir souffert, d'avoir eu honte, d'avoir été brisé. « Tu as eu le droit d'être effondré. Ce qui t'est arrivé était injuste et terrible. »

3. Réhabiliter l'ancêtre :

Rendre à l'ancêtre sa dignité, son innocence, son talent. « Là où on t'a traité de coupable, je te reconnais comme victime. Ton talent était réel. Ton intégrité était réelle. »

4. Libérer le fantôme :

> Une fois que la vérité est dite, que la honte est reconnue et que l'ancêtre est réhabilité, le fantôme n'a plus de raison d'être. La charge émotionnelle se dissipe. Le descendant peut enfin respirer, agir, vivre en son nom propre.

C'est exactement ce que Léa accomplira dans le prochain chapitre à travers le rituel de la lettre de réhabilitation.

« Être le pivot familial, c'est accepter d'être le point de bascule entre la souffrance héritée et la liberté choisie. »

Anne Miscolieu

Chapitre 9 : Le rituel de réparation

Le récit de Léa : *L'acte qui guérit*

Le rendez-vous avec la psychopraticienne s'était terminé sur une proposition étrange. Assise dans la clarté du cabinet, Léa avait écouté la thérapeute lui parler de rituels, d'actes symboliques, de psychomagie. Des mots qui lui semblaient appartenir à un autre temps, à une autre logique que celle de ses plans d'architecte millimétrés.

« Vous comprenez maintenant ce qui s'est passé, Léa. Vous avez nommé l'injustice. Vous avez ouvert la crypte. Mais il reste une étape cruciale : signifier à votre inconscient que la réparation a eu lieu. Pour cela, vous devez accomplir un acte. Un acte concret, incarné, qui parle le langage du symbolique. »

La psychopraticienne lui avait tendu une enveloppe vierge.

« Écrivez-lui. Écrivez à votre grand-père. Dites-lui ce que personne n'a jamais osé lui dire. Reconnaissez son innocence. Reconnaissez son talent. Rendez-lui sa dignité. Puis, d'une manière ou d'une autre, libérez cette lettre. Brûlez-la, enterrez-la, jetez-la dans une rivière... L'important, c'est que le geste ait du sens pour vous. »

Léa avait glissé l'enveloppe dans son sac, sceptique. Pourtant, une semaine plus tard, elle se retrouvait sur la route du Manoir de la Castellane, seule, un samedi matin de novembre où le brouillard noyait la campagne.

Le manoir l'attendait, silencieux, comme toujours. Mais cette fois, Léa ne ressentait plus la même oppression. Elle poussa la lourde porte d'entrée. Ses pas résonnèrent dans le hall. Elle traversa les pièces vides jusqu'à la grande cheminée de pierre du salon.

Elle s'agenouilla devant l'âtre froid. De son sac, elle sortit les photocopies des documents que son ami archiviste lui avait fournies. Les véritables coupables avaient été identifiés. Mais il était trop tard. Le mal était fait. L'homme était déjà détruit, son cabinet dissous, sa réputation en cendres. Et personne, jamais, n'était venu lui présenter d'excuses.

Léa déplia le premier article et lut à voix haute, lentement, comme on récite une prière :

« Suite à une enquête approfondie ayant duré plusieurs années, les soupçons pesant sur l'architecte E. CORTAVO ont été levés. Les irrégularités constatées dans le projet de la restauration du Manoir de la Castellane sont imputables à l'entrepreneur principal, aujourd'hui mis en examen pour détournement de fonds. Monsieur CORTAVO n'a eu aucune part dans ces malversations. »

Sa voix tremblait. Elle posa l'article sur ses genoux et ferma les yeux un instant, laissant les mots résonner dans le silence du manoir. Elle les laissa s'inscrire dans l'air, dans les murs, dans sa propre chair.

« Tu étais innocent, murmura-t-elle. Tu étais innocent, et personne ne s'est excusé. »

Elle sentit une boule se former dans sa gorge. Puis, elle sortit l'enveloppe vierge et une feuille de papier. Elle déposa le tout sur le sol et s'assit en tailleur, comme une enfant qui s'apprête à écrire une lettre au Père Noël.

Mais ce n'était pas une lettre à un personnage imaginaire, que Léa était en train d'écrire. C'était une lettre à un fantôme. Un fantôme qu'elle allait enfin libérer, en rendant l'honneur due à son grand-père, en se libérant de la honte héritée.

Elle prit son stylo. Sa main hésita un instant au-dessus de la page blanche. Puis, elle commença à écrire.

« *Mon cher grand-père,*

Je ne t'ai jamais connu. Tu es mort avant ma naissance, emporté par une maladie que je sais aujourd'hui être née de la honte et du chagrin. Pendant toute ma vie, ton nom a été un silence. Une ombre. Un interdit.

Mais aujourd'hui, je suis venue te dire ce que personne n'a eu le courage de te dire de ton vivant :

Tu étais innocent.

Tu n'as rien fait de mal. Tu étais un homme de talent, un architecte visionnaire, un bâtisseur d'avenir. Ce qui t'est arrivé était une injustice monstrueuse. Tu as été trahi, sali, brisé. Et tu n'as eu aucun moyen de te défendre. On t'a volé ton honneur, ta carrière, ta joie de créer.

Je reconnais aujourd'hui la profondeur de ta souffrance. Je reconnais que tu as eu le droit d'être effondré. Le droit d'être en colère. Le droit de ne plus pouvoir te relever.

Mais je sais aussi que cette honte ne t'appartenait pas. Elle appartenait à ceux qui t'ont accusé à tort. Elle appartenait à ceux qui se sont tus quand la vérité a éclaté. Elle n'était pas tienne. Et elle n'est pas mienne.

Aujourd'hui, je viens te rendre ta dignité. Je viens dire ton nom à voix haute, avec fierté : Émile CORTAVO, Architecte. Bâtisseur. Créateur.

Et je viens te dire autre chose, grand-père. Je viens te dire que je ne porterai plus ta honte. Je te la rends. Elle t'appartient, et même à toi, elle n'aurait jamais dû appartenir. Je la dépose ici, dans cette cheminée, et je la laisse partir en fumée.

Mais ton talent, lui, je le garde. Je le reçois comme un trésor, comme un héritage précieux. Je l'honore. Et je te fais cette promesse solennelle : ton œuvre ne restera pas inachevée. Ce manoir que tu as dessiné et que tu n'as jamais pu bâtir, je vais le terminer. Je vais le faire vivre. Je vais lui donner la lumière que tu avais imaginée.

Et quand je le présenterai au monde, je dirai ton nom. Je raconterai ton histoire. Je dirai que tu étais un homme de bien, un homme de génie, et qu'on t'a fait une injustice que je répare aujourd'hui.

Repose en paix, grand-père. Tu n'as plus rien à prouver. Tu n'as plus rien à porter. Je prends le relais. Je termine la course.

Merci pour la vie que tu m'as transmise. Merci pour le talent que tu m'as légué. Merci pour les rêves que je vais accomplir en ton nom.

Tu es libre. Et moi aussi.

Ta petite-fille,
Léa. »

Lorsqu'elle releva la tête, ses joues étaient trempées de larmes. Elle ne savait même pas à quel moment elle avait commencé à pleurer. Elle plia la lettre avec soin, la glissa dans l'enveloppe, et inscrivit sur celle-ci : *« À Émile CORTAVO, architecte. »*

Puis, elle se releva, les genoux engourdis par le froid de la pierre. Elle disposa quelques bûches dans l'âtre, trouva de vieilles allumettes dans un tiroir de la cuisine. Elle frotta une allumette. La flamme s'éleva, fragile, dansante.

Elle l'approcha des bûches. Le feu prit lentement, crépitant, réchauffant l'air glacé du manoir.

Léa tint l'enveloppe au-dessus des flammes un instant, comme pour laisser à son grand-père le temps de « recevoir » les mots. Puis, lentement, elle la déposa dans le feu.

Le papier se recroquevilla. L'encre noircit. Les mots disparurent, montant en fumée par la cheminée, s'élevant vers le ciel gris de novembre.

Léa regarda la lettre se consumer entièrement. Elle ne ressentait ni tristesse, ni doute. Seulement une immense, une incroyable paix.

Quelque chose venait de se dénouer. Quelque chose de si profond, de si ancien, qu'elle n'aurait jamais pu le nommer avant ce jour.

Elle resta là, debout devant le feu, les mains ouvertes vers la chaleur, et elle murmura une dernière fois :

« Merci. »

Elle ne savait pas vraiment à qui elle disait merci. À son grand-père ? À elle-même ? À la psychopraticienne ? À la vie qui l'avait ramenée ici ?

Peu importait.

Elle était libre.

Léa, dans le silence du manoir, venait d'accomplir ce passage. Elle ne le savait pas encore, mais ce geste allait tout changer. Non pas d'un coup, non pas miraculeusement, mais inexorablement. Car dans les semaines qui suivirent, la vie allait lui proposer une épreuve finale : celle du choix conscient.

Le miroir du lecteur : *Quand le symbolique parle plus fort que la raison*

Peut-être, en lisant le récit de Léa, avez-vous ressenti un mélange étrange. D'un côté, une émotion profonde, un sentiment de justesse. De l'autre, une petite voix rationnelle qui murmure : « Ce n'est qu'une lettre. Ce n'est que du papier brûlé. Comment cela pourrait-il changer quoi que ce soit ? »

Cette voix, c'est celle de notre mental cartésien, habitué à ne reconnaître comme « réel » que ce qui est mesurable, quantifiable, prouvable. Mais il existe un autre langage, plus ancien, plus profond, que notre inconscient comprend parfaitement : le langage du symbolique.

Comprenez bien ceci : votre inconscient ne fait pas la différence entre le réel et le symbolique. Pour votre cerveau profond, pour cette partie archaïque de vous qui gère vos émotions, vos mémoires et vos héritages, un acte symbolique est un acte réel.

Lorsque Léa écrit cette lettre, son grand-père ne la lit pas. Évidemment. Mais son propre psychisme, lui, enregistre un changement de statut radical. Elle passe du rôle de porteuse inconsciente de la honte à celui de réparatrice consciente de l'injustice.

En brûlant la lettre, elle accomplit un geste millénaire : celui de la transmutation. Elle transforme la matière (le papier, l'encre, les mots) en fumée, en libération. Son inconscient "voit" la honte partir en fumée.

Il enregistre : c'est fini. C'est accompli. Je peux passer à autre chose.

<u>Pourquoi les rituels ont-ils un tel pouvoir ?</u>

Parce qu'ils engagent tout notre être : le corps, l'émotion, l'intellect et l'âme.

- Le corps : Vous accomplissez un geste. Vous mobilisez votre corps dans l'espace. Cela ancre l'acte dans la réalité matérielle.
- L'émotion : Vous ressentez. La peur, la tristesse, la colère, puis le soulagement, la paix. Vous ne pensez pas seulement à la libération, vous la vivez dans votre chair.
- L'intellect : Vous nommez. Vous mettez des mots sur ce qui était confus. Vous formulez la reconnaissance, la réhabilitation, la libération.
- L'âme : Vous vous reliez à quelque chose de plus grand que vous. À vos ancêtres, à votre lignée, à la chaîne de la vie. Vous vous inscrivez dans une continuité qui vous dépasse.

Cette mobilisation totale crée un moment de basculement psychique. Un avant et un après. Ce que nous qualifierons « d'événement correcteur émotionnel » : une expérience suffisamment intense pour reconfigurer une croyance limitante ou une mémoire traumatique.

<u>Le rituel : un acte de justice symbolique</u>

Pensez-y ainsi : dans le monde réel, il est trop tard pour rendre justice au grand-père de Léa. Il est mort. Les coupables ne seront jamais punis. Aucun tribunal ne pourra réparer l'injustice.

Mais dans le monde symbolique, il n'est jamais trop tard.

Le rituel permet de rejouer la scène, mais cette fois avec la fin juste. C'est une forme de justice réparatrice qui opère sur le plan psychique. En réhabilitant symboliquement l'ancêtre, vous ne changez pas le passé objectif. Mais vous changez la manière dont ce passé agit sur vous aujourd'hui.

Vous passez d'un récit familial qui dit : *« Chez nous, on est des ratés, on se fait toujours avoir, on finit toujours humiliés »* ...à un récit qui dit : *« Mon ancêtre a subi une injustice terrible. Il était innocent. Il était talentueux. Et moi, je répare cette injustice. Je lui rends sa dignité. Et je m'autorise à réussir là où il a été empêché. »*

Le doute est normal

Si, à ce stade, vous vous demandez encore : « Mais est-ce que ça marche vraiment ? », sachez que ce doute est légitime. Il fait même partie du processus.

Ce qui compte, ce n'est pas que vous y "croyiez" rationnellement. Ce qui compte, c'est que vous le fassiez. Que vous vous autorisiez à accomplir le geste, même avec une part de scepticisme.

Car voici le paradoxe : l'efficacité du rituel ne dépend pas de votre croyance consciente. Elle dépend de votre engagement sincère dans l'acte. Si vous accomplissez le geste avec présence, avec respect, avec intention claire, votre inconscient fera le reste.

Des milliers de personnes avant vous, dans des cultures du monde entier, depuis la nuit des temps, ont utilisé les rituels pour guérir, pour honorer, pour libérer. Les rites funéraires, les cérémonies de passage, les actes de réconciliation... Ce ne sont pas des superstitions. Ce sont des technologies psychiques d'une efficacité redoutable.

Vous n'avez pas besoin d'être "mystique" pour accomplir un rituel

Léa n'est pas une chamane. Elle n'a pas de dons particuliers. Elle est architecte, cartésienne, formée à la logique et au calcul. Et pourtant, elle a accepté de franchir le pas.

Vous n'avez pas besoin de croire aux esprits, à la magie ou à la réincarnation pour que cela fonctionne. Vous devez simplement accepter que votre inconscient ait ses propres règles, son propre langage, et que ce langage est celui du symbole, du geste et de la mise en scène.

En accomplissant un rituel, vous lui parlez dans sa langue maternelle. Et il vous répond.

La question que vous devez vous poser maintenant

Alors, oui, peut-être avez-vous envie de rire. Peut-être trouvez-vous tout cela un peu étrange, un peu décalé par rapport à votre mode de vie moderne et rationnel.

Mais je vous pose cette question, en toute sincérité :

Et si vous essayiez ?

Et si, pour une fois, vous acceptiez de faire un geste qui ne « sert » à rien sur le plan matériel, mais qui peut tout changer sur le plan intérieur ?

Qu'avez-vous à perdre ? Une heure de votre temps ? Un peu de votre sérieux ?

Et qu'avez-vous à gagner ? Peut-être la paix. Peut-être la libération. Peut-être un nouveau départ.

Le rituel que vous allez créer dans l'atelier suivant ne sera pas "magique" au sens où il fera disparaître vos problèmes d'un coup de baguette. Mais il peut être le point de bascule, l'acte qui signifie à votre inconscient : « Ça suffit. J'arrête de porter ce qui ne m'appartient pas. Je rends aux ancêtres ce qui est à eux. Et je me réapproprie ce qui est à moi : ma vie, ma liberté, mon droit à la joie. »

L'atelier intérieur : *Concevoir et accomplir votre rituel de libération*

Vous voici arrivé à un moment crucial de votre parcours. Vous avez exploré votre arbre, vous avez identifié les loyautés invisibles, vous avez nommé la honte cachée. Maintenant, il est temps d'agir.

Cet exercice n'est pas une simple réflexion. C'est un acte concret que vous allez accomplir dans le monde réel, seul ou accompagné, mais toujours avec intention et présence.

Le rituel que vous allez créer sera votre rituel. Unique. Personnel. Ajusté à votre histoire, à votre sensibilité, à vos moyens. Il n'existe pas de "bon" ou de "mauvais" rituel. Il existe seulement des rituels sincères et des rituels bâclés.

Étape 1 - Identifier ce dont vous souhaitez vous libérer

Avant de créer le rituel, vous devez savoir pour qui et pourquoi vous le faites.

Reprenez votre carnet. Relisez vos notes des ateliers et chapitres précédents.

Puis, répondez par écrit à ces trois questions :

1. Quel ancêtre souhaite-je honorer ou réhabiliter ?
   Exemple : Mon grand-père maternel, accusé à tort. Mon arrière-grand-mère, morte en couches dans la honte. Mon oncle, ruiné et humilié…
2. Quel fardeau ai-je porté à sa place ?
   Exemple : La peur de réussir. La honte d'exister. La conviction que l'argent est sale …
3. Quelle permission est-ce que je me donne aujourd'hui ?
   Exemple : Je m'autorise à réussir sans culpabilité. Je m'autorise à être visible et fier. Je m'autorise à vivre pleinement…

Notez vos réponses clairement. Elles formeront l'intention de votre rituel.

Étape 2 - Choisir le type de rituel qui vous parle

Un rituel efficace doit vous ressembler et avoir du sens pour vous. Voici quatre grandes familles de rituels. Choisissez celle qui résonne le plus en vous, ou inventez la vôtre.

A. Le Rituel de la Lettre (comme Léa)

C'est le rituel le plus simple et le plus universel.

Comment faire :

- Écrivez une lettre à l'ancêtre concerné. Adressez-vous à lui directement « Cher grand-père... », « Chère arrière-grand-mère... ».
- Dans cette lettre, exprimez trois choses :
    1. **La reconnaissance** : « Je sais ce qui t'est arrivé. Je reconnais l'injustice / la souffrance / la perte. »
    2. **La réhabilitation** : « Tu n'étais pas coupable. Tu as fait de ton mieux. Tu méritais mieux. »
    3. **La libération** : « Je te rends ce fardeau. Il ne m'appartient pas. Je garde ton amour, ton talent, ta force. Mais je laisse partir la honte, la peur, la culpabilité. »
- Une fois la lettre écrite, libérez-la par un geste symbolique :
    1. Brûlez-la (comme Léa) dans un lieu sûr. Regardez-la se consumer entièrement. Imaginez la fumée emporter le fardeau.
    2. Enterrez-la au pied d'un arbre, dans un jardin, près d'une tombe. Rendez-la à la terre.
    3. Jetez-la dans l'eau (rivière, mer, lac). Laissez le courant l'emporter.

Conseil : Choisissez un moment et un lieu où vous ne serez pas dérangé. Accomplissez le geste avec lenteur et solennité.

B. Le Rituel de l'Objet

Si vous possédez un objet lié à cet ancêtre (photo, bijou, outil, vêtement...), vous pouvez l'utiliser comme support.

Comment faire :

- Prenez l'objet dans vos mains. Observez-le. Ressentez-le.
- Parlez à voix haute (oui, à voix haute, même si vous êtes seul). Dites à l'ancêtre ce que vous avez compris, ce que vous lui rendez, ce que vous gardez.
- Puis, donnez un nouveau statut à l'objet :

  a. Si c'est un objet chargé de tristesse, nettoyez-le (lavez-le, polissez-le) en visualisant que vous le débarrassez de sa charge.
  b. Si c'est un objet que vous souhaitez garder, reconsacrez-le : « Désormais, tu es le symbole de [amour / force / résilience], et non plus de [honte / peur / échec]. »
  c. Si c'est un objet dont vous voulez vous séparer, offrez-le (donnez-le, vendez-le) ou détruisez-le consciemment.

C. Le Rituel du Lieu

Si un lieu particulier est lié à cette histoire (maison familiale, village natal, cimetière, lieu de travail de l'ancêtre...), vous pouvez y retourner pour accomplir un acte de réparation.

Comment faire :

- Rendez-vous sur ce lieu, si possible seul ou avec une personne de confiance.
- Sur place, accomplissez un **geste symbolique** :
    - Déposez une pierre, une fleur, un message.
    - Plantez quelque chose (une graine, un arbuste) en signe de renouveau.
    - Lisez à voix haute un texte de réhabilitation ou de pardon.
    - Restez simplement en silence, en présence consciente, et dites intérieurement : « Je suis venu. Je t'ai reconnu. Je te libère. Je me libère.

D. Le Rituel Créatif

Si vous êtes une personne sensible à l'art, vous pouvez créer une œuvre symbolique.

Comment faire :

- Dessinez, peignez, sculptez quelque chose qui représente la libération. Par exemple : un arbre dont les racines plongent dans le passé et dont les branches s'élèvent vers l'avenir. Ou un oiseau qui s'envole d'une cage ouverte.

- Écrivez un poème, une chanson, un texte qui raconte l'histoire de cet ancêtre et votre décision de vous en libérer.
- Dansez, chantez, jouez de la musique en incarnant physiquement la libération.

Une fois l'œuvre créée, vous pouvez la garder (elle devient un talisman de votre nouvelle liberté) ou la détruire (elle a rempli son rôle dans l'acte même de sa création).

Étape 3 - Préparer et accomplir votre rituel

Un rituel n'est pas quelque chose que l'on fait "en passant". Il nécessite une préparation et un cadre.

Avant le rituel :

- Choisissez le jour et l'heure. Idéalement, un moment où vous ne serez pas dérangé, où vous êtes calme et disponible intérieurement.
- Préparez le matériel nécessaire (papier, stylo, allumettes, objet, fleurs...).
- Clarifiez votre intention une dernière fois. Relisez vos réponses de la Phase 1.

Pendant le rituel :

- Soyez pleinement présent. Éteignez votre téléphone. Fermez la porte. Créez un espace sacré, même petit.
- Accomplissez chaque geste lentement, avec conscience. Respirez profondément.

- Parlez à voix haute. Nommer les choses à haute voix a un pouvoir ancrant.
- Ressentez. Laissez venir les émotions (tristesse, colère, soulagement, joie...). Ne les censurez pas.

Après le rituel :

- Restez quelques minutes en silence. Laissez le geste « se poser » en vous.
- Notez dans votre carnet ce que vous avez ressenti, ce qui a changé, ce que vous avez observé.

Étape 4 - Observer les changements

Un rituel n'est pas un remède miracle instantané. Mais il crée un point de bascule dans votre psyché.

Dans les jours et les semaines qui suivent, soyez attentif à :

- Vos rêves (souvent, ils changent après un rituel).
- Vos comportements (vous vous autorisez peut-être des choses que vous vous interdisiez avant).
- Vos sensations corporelles (un poids qui se lève, une respiration plus ample, une énergie nouvelle).
- Les "synchronicités" (des événements, des rencontres, des opportunités qui semblent "arriver" au bon moment).

Notez tout cela dans votre carnet. Ces observations sont précieuses. Elles vous montrent que quelque chose bouge, que la chaîne transgénérationnelle est en train de se desserrer.

Un dernier mot avant de commencer :

Vous n'êtes pas obligé de faire ce rituel aujourd'hui. Vous n'êtes même pas obligé de le faire du tout. Mais si vous sentez un appel, même timide, même accompagné de doute... faites-le.Faites-le pour vous. Faites-le pour l'ancêtre qui n'a pas pu se libérer de son vivant. Faites-le pour vos enfants, vos neveux, les générations à venir qui ne porteront plus ce fardeau.

Vous êtes le maillon qui brise la chaîne.

C'est un acte de courage. C'est un acte d'amour.

Vous êtes prêt à devenir le pivot de votre héritage familial.

L'apport de la psychogénéalogie : *La psychomagie et le langage de l'inconscient*

Si vous avez accompli le rituel proposé dans l'atelier précédent, vous avez peut-être ressenti quelque chose d'étrange : un mélange de légèreté, de paix, voire d'émotion intense, alors même que "rien" de concret n'a changé dans votre vie extérieure. Vous n'avez pas gagné à la loterie. Votre patron ne vous a pas soudainement félicité. Votre ex ne vous a pas rappelé.

Et pourtant, quelque chose a bougé.

Ce "quelque chose", c'est ce que nous allons explorer maintenant : pourquoi un acte symbolique, apparemment irrationnel, peut avoir un effet thérapeutique aussi puissant, parfois plus puissant qu'une prise de conscience intellectuelle ?

Pour répondre à cette question, nous devons plonger dans le concept de psychomagie, théorisé et popularisé par l'artiste et thérapeute chilien Alejandro Jodorowsky. Mais aussi comprendre comment fonctionne notre inconscient, cette partie de nous qui ne parle pas le langage de la logique, mais celui du symbole, du mythe et du geste.

A. L'inconscient ne parle pas français (ni aucune langue rationnelle)

Voici une vérité fondamentale que la psychanalyse, depuis Freud, ne cesse de nous rappeler : l'inconscient n'est pas rationnel. Il ne fonctionne pas selon les règles de la logique aristotélicienne. Il ne fait pas de différence entre le passé, le présent et le futur. Il ne distingue pas le réel de l'imaginaire, le vécu du rêvé, l'événement de sa représentation symbolique.

Pour votre inconscient, un symbole EST la chose qu'il représente.

Prenons un exemple simple : vous rêvez que vous tombez d'une falaise. Vous vous réveillez en sursaut, le cœur battant, en sueur. Votre corps a réagi comme si vous étiez réellement tombé. Votre système nerveux a libéré de l'adrénaline. Vos muscles se sont contractés. Et pourtant, vous étiez bien au chaud dans votre lit, en parfaite sécurité.

Pourquoi ? Parce que pour votre inconscient, le rêve était réel.

C'est exactement ce mécanisme que le rituel utilise, mais en sens inverse. Au lieu de subir passivement un symbole traumatisant (le cauchemar, la répétition d'échec), vous créez activement un symbole libérateur.

B. La psychomagie : mettre en scène la guérison

Alejandro Jodorowsky, formé à la psychanalyse mais aussi au théâtre, au mime et aux arts ésotériques, a développé dans les années 1970 une approche qu'il nomme la psychomagie.

Le principe est d'une simplicité désarmante : si l'inconscient ne fait pas la différence entre le réel et le symbolique, alors on peut le "tromper" thérapeutiquement en lui faisant vivre symboliquement la résolution d'un conflit.

Jodorowsky raconte l'histoire d'un homme incapable de s'affirmer face à son père, un tyran violent aujourd'hui décédé. Cet homme, malgré des années de thérapie verbale, reste paralysé dans sa vie professionnelle et affective. Jodorowsky lui prescrit un acte psychomagique : déterrer symboliquement son père (en creusant un trou dans un jardin et en y plaçant une photo du père), le juger (en lisant à voix haute tous ses griefs), puis l'enterrer définitivement en plantant un rosier au-dessus.

Le résultat ? L'homme ressent une libération immédiate. Dans les semaines qui suivent, il ose enfin poser des limites à ses supérieurs, démissionne d'un travail toxique et rencontre une compagne avec qui il construit une relation saine.

Que s'est-il passé ?

L'acte psychomagique a permis à l'inconscient de l'homme de vivre concrètement la scène qui n'avait jamais eu lieu : se dresser face au père, le juger, puis clore définitivement le chapitre et passer à autre chose. Le cerveau profond a enregistré : c'est fait. C'est terminé. Je peux avancer.

C. Pourquoi ça marche ?

Les trois piliers du rituel efficace

Un rituel psychomagique (ou psychogénéalogique, dans notre contexte) fonctionne parce qu'il mobilise simultanément trois dimensions de notre être :

1. Le Corps (la dimension sensorielle et motrice)

Un rituel n'est pas une pensée. C'est un acte physique. Vous vous déplacez, vous utilisez vos mains, vous voyez, vous entendez, vous sentez.

En psychologie cognitive, on sait aujourd'hui que le corps influence puissamment l'esprit. Ce qu'on appelle la "cognition incarnée" montre que nos gestes, nos postures, nos mouvements modifient notre état émotionnel et nos pensées.

Exemple : tenir un stylo entre les dents (ce qui active les muscles du sourire) rend les gens objectivement plus heureux dans les minutes qui suivent. À l'inverse, se tenir voûté augmente les pensées négatives.

Lorsque vous brûlez une lettre, plantez un arbre, ou allez déposer une pierre sur une tombe, vous ne pensez pas seulement à la libération. Vous la faites. Votre corps l'accomplit. Et votre cerveau enregistre cette action comme un changement réel de statut.

2. L'Émotion (la dimension affective)

Un rituel bien conçu fait ressentir. Il ne laisse pas l'émotion dans la tête, il la fait descendre dans le ventre, dans la gorge, dans les larmes ou dans le rire.

Or, les neurosciences affectives nous enseignent qu'une émotion non libérée reste "enkystée" dans le système nerveux. Elle continue de tourner en boucle, générant de l'anxiété, des somatisations, des comportements d'évitement.

Le rituel offre un cadre sécurisé pour que l'émotion longtemps refoulée (la colère contre l'injustice, la tristesse du deuil non fait, la honte portée à la place d'un autre) puisse enfin sortir et se métaboliser.

Quand Léa pleure en brûlant sa lettre, elle ne "perd" pas le contrôle. Elle récupère le contrôle en laissant enfin circuler ce qui était figé.

3. Le Sens (la dimension narrative et symbolique)

L'être humain est un animal narratif. Nous ne pouvons pas vivre sans histoires. Nous avons besoin de donner du sens à ce qui nous arrive, de créer une continuité entre le passé, le présent et le futur.

Les traumatismes transgénérationnels créent des histoires brisées, incohérentes, pleines de trous et de non-dits. Le rituel permet de réécrire l'histoire, non pas en niant les faits, mais en leur donnant une nouvelle signification.

Exemple : Avant le rituel, l'histoire de Léa était : « Mon grand-père était un « raté ». Donc je suis condamnée à l'échec, par fidélité. »

Après le rituel, l'histoire devient : « Mon grand-père était un homme de talent, victime d'une injustice. Je le réhabilite. J'honore son talent en réussissant là où il a été empêché. Je transforme sa défaite en victoire. »

Même passé. Nouvelle histoire. Nouveau destin.

D. Le Rituel n'est pas magique, il est neuro-symbolique

Attention, la psychomagie n'est pas de la pensée magique. Ce n'est pas "Abracadabra, tous mes problèmes disparaissent".

Le rituel ne change pas le passé. Il ne ressuscite pas les morts. Il ne fait pas disparaître d'un coup de baguette vos difficultés matérielles ou vos responsabilités.

Ce qu'il fait, c'est reprogrammer la manière dont votre système nerveux et votre psyché interprètent et réagissent à ce passé.

C'est ce que les thérapeutes EMDR (Eye Movement Desensitization and Reprocessing) ou les praticiens en neurosciences du trauma appellent la reconsolidation de la mémoire. Une mémoire traumatique, lorsqu'elle est réactivée dans un contexte sécurisé et accompagnée d'une nouvelle information (ici, le geste symbolique de réparation), peut être réencodée différemment.

Le souvenir ne disparaît pas. Mais il perd sa charge émotionnelle paralysante. Il devient un souvenir intégré, avec lequel on peut vivre en paix.

E. Les conditions d'efficacité d'un rituel

Tous les rituels ne se valent pas. Pour qu'un acte symbolique ait un réel impact thérapeutique, il doit respecter certaines conditions :

1. La sincérité

Le rituel doit être accompli avec intention et présence. Si vous le faites « pour voir », en restant dans le cynisme ou le détachement, il ne se passera rien. Votre inconscient n'est pas dupe. Il sent la différence entre un acte habité et un acte « pour la forme ».

2. La justesse symbolique

Le geste choisi doit avoir du sens pour vous. Il doit résonner avec votre histoire, votre sensibilité, votre culture. Un rituel emprunté à une tradition qui vous est étrangère, ou dont vous ne comprenez pas le sens, sera moins puissant qu'un rituel simple mais personnellement signifiant.

C'est pourquoi, dans l'atelier précédent, je vous ai proposé plusieurs formes de rituels. À vous de choisir celui qui vous « parle ».

3. L'engagement corporel

Le rituel ne peut pas être seulement mental. Il doit mobiliser le corps. Écrire, marcher, creuser, brûler, planter... L'acte physique est essentiel.

4. Le cadre et le temps

Un rituel ne se fait pas « entre deux portes ». Il nécessite un espace-temps dédié. Même court (15 minutes peuvent suffire), il doit être protégé des interruptions, accompli dans un état de conscience éveillée et focalisée.

5. L'après-rituel

Un rituel n'est pas une fin en soi. C'est un point de départ. Après l'acte symbolique, il faut observer, intégrer, et parfois ajuster. Notez vos rêves, vos émotions, vos changements de comportement. Si nécessaire, vous pouvez "compléter" le rituel quelques semaines plus tard avec un geste supplémentaire.

F. Rituel et Psychogénéalogie : Réparer la chaîne du temps

Dans le contexte spécifique de la psychogénéalogie, le rituel a une fonction encore plus profonde : il permet de « parler » aux morts, de clore des deuils inachevés, de réparer des injustices symboliques, et ainsi de libérer les vivants du poids de l'histoire.

Anne Ancelin Schützenberger, dans ses travaux, insiste sur l'importance des actes réparateurs : aller sur une tombe négligée, faire dire une messe pour un ancêtre oublié, redonner sa place à un membre exclu de la famille... la psychogénéalogie permet de « renvoyer » à nos ancêtres une souffrance qui ne nous appartient pas.

Ces actes, même s'ils peuvent sembler "superstitieux" à un esprit moderne, répondent à un besoin profond de notre psyché : rétablir l'ordre, la justice, la reconnaissance.

Serge Tisseron, spécialiste des secrets de famille, parle de la nécessité de « faire parler les fantômes » et de leur donner une sépulture symbolique. Le rituel est cette sépulture. Il dit aux morts : « Vous êtes reconnus. Vous êtes honorés. Vous pouvez reposer en paix. » Et il dit aux vivants : « Vous êtes libres. Vous n'avez plus à porter ce qui ne vous appartient pas. »

G. Conclusion : L'acte qui transforme

En accomplissant un rituel de libération, vous ne faites pas quelque chose de "bizarre" ou de "marginal". Vous vous inscrivez dans une pratique humaine millénaire, commune à toutes les cultures : celle de donner forme aux transitions, aux passages, aux transformations.

Nos ancêtres le savaient : on ne change pas de statut seulement en y pensant. On le joue, on le met en scène, on l'incarne dans un acte.

La modernité nous a fait croire que tout se règle dans la tête, par la compréhension intellectuelle. C'est faux. Ou du moins, c'est incomplet.

« La psychogénéalogie est l'art de transformer les fantômes du passé en alliés pour le présent. Elle nous apprend que nos blocages ont une mémoire, nos réussites une dette, et notre liberté un prix : celui d'oser rompre les chaînes de l'inconscient familial pour écrire, enfin, notre propre légende. »

Anne MISCOLIEU

PARTIE III – LA RÉPARATION

Chapitre 10 : L'épreuve du choix

Le Récit de Léa : *Le vertige de la réussite*

Trois semaines. Il reste trois semaines avant la date limite de soumission du dossier final pour l'inscription au Grand Prix d'Architecture.

Le projet de Léa est presque terminé. Sur son écran, les plans défilent : le manoir restauré, sublimé, transformé en un lieu de vie lumineux où l'ancien et le moderne dialoguent avec grâce. Elle a intégré les esquisses visionnaires de son grand-père dans une structure audacieuse, contemporaine, vibrante. C'est son meilleur travail. Elle le sait. Julien, l'a félicitée avec une émotion rare. « C'est magistral, Léa. Vous allez les éblouir. Vous avez bien fait de choisir le projet de la réhabilitation de la Castellane pour le présenter devant le grand jury. Il est remarquable ! »

Elle devrait être heureuse. Fière. Impatiente. En réalité, Léa était paralysée.

Ce matin-là, assise à sa table à dessin, elle fixe l'écran sans le voir. Ses mains tremblent légèrement. Une sueur froide perle à son front. Son cœur bat trop vite, trop fort. Elle connaît cette sensation. Elle l'a déjà vécue. Avant chaque examen crucial. Avant chaque présentation importante. Ce vertige qui l !a saisit à quelques pas du but.

Mais cette fois, c'est différent. Cette fois, elle sait d'où ça vient.

« *Je vais échouer.* »

La phrase surgit dans son esprit, nette, tranchante, comme un verdict. Pas un doute. Une certitude.

« Je vais échouer. Comme lui. »

Elle ferme les yeux. Elle revoit le carnet jauni, les plans inachevés, les coupures de presse. Elle entend la voix de sa mère : *« Ton grand-père avait du talent. Mais le talent ne suffit pas. Il y a toujours quelque chose qui casse. »*

Et soudain, une pensée folle s'empare d'elle : *« Et si je ne rendais pas le projet ? »*

Elle se lève brusquement, renversant sa chaise. Elle fait les cents pas, la respiration courte. Les murs semblent se rapprocher. Elle ouvre une fenêtre, aspire l'air froid de novembre, mais rien n'y fait. La panique est là, massive, étouffante.

« C'est ridicule, » murmure-t-elle à voix haute. *« Le projet est fini. Il suffit de cliquer sur "Envoyer". Un seul geste. Pourquoi je n'y arrive pas ? »*

Mais elle connaît la réponse. Elle l'a apprise, ces dernières semaines, en explorant les ruines de son histoire familiale.

Réussir, c'est trahir.

Réussir, c'est devenir celle qui a osé, là, où son grand-père a été brisé. C'est prouver que c'était possible. C'est, d'une certaine manière, le condamner a posteriori, lui dire : *« Tu aurais pu, si tu avais été plus fort, plus courageux, plus chanceux. »*

Réussir, c'est sortir de la lignée des hommes (et des femmes) qui rêvent grand mais finissent petits. C'est rompre le pacte invisible. C'est se retrouver seule, de l'autre côté d'une ligne qu'aucun de ses ancêtres n'a jamais franchie.

« Si je réussis, je les abandonne. » La tête entre les mains, Léa se sentait démunie.

Les jours passent. Léa ne travaille plus. Elle erre dans sa chambre d'hôtel, comme un fantôme. Elle ne répond plus aux appels de Julien. Elle dort mal, mange à peine. Les cauchemars reviennent : la maison qui s'effondre, encore et encore, et elle à l'intérieur, incapable de fuir.

Une semaine avant la date limite, sa meilleure amie Géraldine, vient la voir à Pézenas.

« Léa, qu'est-ce qui se passe ? Tu ne réponds plus à personne. Ton patron est inquiet. Moi aussi.

Léa la regarde, les yeux rouges.

- Je ne peux pas, Géraldine. Je ne peux pas rendre le projet.

- Quoi ? Mais pourquoi ? Ton projet est génial !

- Parce que... »

Elle cherche ses mots. Comment expliquer quelque chose d'aussi insensé ? Comment dire : *« Je suis en train de saboter la réussite de ma vie pour rester fidèle à un mort que je n'ai jamais connu » ?*

Finalement, elle murmure :

« Parce que si je réussis, je trahis mon grand-père.

Géraldine la fixe, bienveillante, mais directe :

- Léa... ton grand-père est mort il y a longtemps. Et toi, tu es vivante. »

Cette phrase résonne en Léa pendant toute la nuit.

« Ton grand-père est mort. Et toi, tu es vivante. »

Le lendemain matin, elle se lève avant l'aube. Elle s'installe à sa table, allume son ordinateur, et ouvre le dossier du projet.

Elle le contemple longuement.

Et elle comprend.

Ce n'est pas une trahison. C'est un achèvement.

Elle ne réussit pas *à la place* de son grand-père. Elle réussit *pour lui*. Elle termine ce qu'il n'a pas pu finir. Elle porte au monde le talent qu'il n'a pas pu déployer. Elle transforme son échec en victoire posthume.

« Je ne t'abandonne pas, » dit-elle à voix basse, comme si elle parlait à l'homme du carnet jauni. *« Je t'emmène avec moi. »*

Mais dire ces mots ne suffit pas. La peur est toujours là, tapie dans son ventre.

Léa prend alors une décision et appelle la praticienne en psychogénéalogie qu'elle a consultée quelques semaines plus tôt.

Dans le cabinet lumineux, Léa raconte tout : la panique, la tentation d'abandonner, la peur de trahir.

La thérapeute l'écoute en silence, puis dit simplement :

« Léa, vous êtes à un point de bascule. Vous avez fait un travail immense pour comprendre d'où vient cette peur. Mais comprendre ne suffit pas. Maintenant, il faut *choisir*.

- Choisir quoi ?

- Choisir si vous allez continuer à vivre la vie de votre grand-père, ou si vous allez enfin vivre la vôtre. Un long silence suivit. Vous savez ce qui se passe, en ce moment ? Votre inconscient vous teste. Il vous dit : *"Tu as découvert le secret. Tu as compris la loyauté. Mais es-tu prête à la rompre ?"* C'est l'épreuve ultime. C'est le moment où vous devez transformer la compréhension en action. »

Léa sent les larmes monter.

- Et si j'échoue quand même ? Et si je rends le projet, et que je ne gagne pas ? Ou pire, et si je gagne, et que... je ne sais pas... tout s'effondre après ?

La thérapeute sourit doucement.

- Alors vous aurez au moins essayé. Vous aurez au moins osé. Elle se penche légèrement en avant. Léa, écoutez-moi bien. Vous n'êtes pas responsable du destin de votre grand-père. Vous n'êtes pas responsable de réparer son échec en échouant vous aussi. La seule personne dont vous êtes responsable, c'est vous. Et la seule question qui compte, c'est celle-ci : qu'est-ce que vous voulez pour votre vie ? »

Léa rentre chez elle dans un état second. Elle s'assoit à sa table. Elle regarde l'écran de son ordinateur.

Et elle se pose la question. Pour la première fois, vraiment, sincèrement :

« Qu'est-ce que je veux ? »

La réponse monte, claire, incontestable :

« Je veux réussir. Je veux que ce projet voie le jour. Je veux être reconnue pour mon talent. Je veux prouver que c'était possible. »

Et alors, dans un geste qu'elle ressent comme le plus important de sa vie, elle allume son ordinateur.

Ses doigts tremblent au-dessus du clavier.

Elle pense à son grand-père. Elle pense au carnet. Elle pense au rituel de la lettre brûlée.

Et elle pense à elle. À la petite fille qui dessinait des maisons imaginaires. À l'adolescente qui rêvait de construire des villes. À la femme qu'elle est en train de devenir.

« Je choisis ma vie, » dit-elle à voix haute.

Et elle clique sur « Envoyer ».

Le fichier se télécharge. La barre de progression avance, lentement, inexorablement. Léa fixe l'écran, incrédule. Et soudain, elle éclate en sanglots.

Pas des larmes de tristesse. Des larmes de soulagement. De libération. De victoire.

Elle l'a fait. Elle a rompu le sort. Elle a choisi.

Elle ne sait pas si elle va gagner. Elle ne sait pas ce que l'avenir lui réserve.

Mais pour la première fois de sa vie, elle est libre.

Libre de réussir. Libre d'échouer. Libre d'être pleinement elle-même, sans le poids des morts sur ses épaules.

Le miroir du lecteur : *Le moment le plus dangereux*

Avez-vous ressenti une tension à la lecture du récit de Léa ? Peut-être même une angoisse familière ? Parce que cette tension vous la connaissez. Vous l'avez vécue. Peut-être pas avec un projet d'architecture, peut-être pas avec un concours prestigieux, mais vous l'avez vécue.

Ce moment où tout est prêt. Où il ne reste plus qu'un geste. Un simple geste. Envoyer un mail. Décrocher un téléphone. Dire oui. Dire non. Franchir une porte.

Et vous ne le faites pas.

Ou pire : vous le sabotez.

La prise de conscience n'est pas la destination

Voici une vérité que beaucoup de personnes engagées dans un travail thérapeutique découvrent avec stupeur, et souvent avec déception :

« Comprendre son schéma ne suffit pas à le transformer. »

Vous pouvez avoir fait des années de thérapie. Vous pouvez avoir identifié avec une clarté limpide les loyautés invisibles qui vous entravent, les secrets de famille qui vous hantent, les injonctions paradoxales qui vous paralysent. Vous pouvez avoir pleuré, crié, parlé, écrit, ritualisé.

Et pourtant, au moment crucial, le vieux schéma revient. Pourquoi ?

Parce que la prise de conscience est une étape, pas la destination. Elle est nécessaire, indispensable même. Elle éclaire le chemin. Mais elle ne vous fait pas marcher. C'est vous qui devez poser un pied devant l'autre.

Et c'est précisément à ce moment-là, au seuil de la transformation, que survient l'épreuve du choix.

Le moment le plus dangereux : Juste avant la réussite

Il y a un paradoxe cruel dans le travail transgénérationnel, et il faut que vous en soyez conscient pour ne pas vous laisser piéger.

Le moment le plus dangereux, ce n'est pas quand vous êtes au fond du trou. C'est quand vous êtes sur le point d'en sortir.

Léa a fait tout le travail. Elle a exploré son histoire. Elle a nommé les fantômes. Elle a accompli le rituel de réparation. Elle a construit un projet magnifique, qui intègre l'héritage et le dépasse. Elle est prête.

Et c'est précisément à ce moment-là que la panique la saisit. Que la voix intérieure la plus insidieuse murmure : « Et si tu ne rendais pas le projet ? »

Cette voix, ce n'est pas le hasard. Ce n'est pas un manque de confiance passager. C'est l'ultime test de la fidélité invisible.

Votre inconscient familial, votre système interne, teste votre loyauté. Il vous dit : « Tu as dit que tu voulais te libérer. Tu as dit que tu voulais vivre ta vie. Mais es-tu vraiment prêt à me trahir ? Es-tu vraiment prêt à réussir là où ton ancêtre a échoué ? Es-tu vraiment prêt à rompre le pacte ? »

Et si vous ne répondez pas consciemment à cette question, votre inconscient répondra pour vous. Il choisira la répétition. Il choisira l'échec. Parce que c'est plus sûr. Parce que c'est connu. Parce que c'est fidèle.

Le choix conscient : Le point de bascule

Voici ce que Léa comprend dans le cabinet de sa thérapeute, et que vous devez comprendre vous aussi :

Il arrive un moment où il ne suffit plus de comprendre. Il faut choisir.

Pas une fois pour toutes. Pas de manière définitive et héroïque. Non.

Un choix simple, concret, incarné, dans une situation précise.

Pour Léa, ce choix, c'est : « Est-ce que je clique sur "Envoyer", oui ou non ? »

Pour vous, ce sera peut-être :

- « Est-ce que je postule à ce poste, oui ou non ? »
- « Est-ce que je quitte cette relation toxique, oui ou non ? »

- « Est-ce que je dis la vérité à cette personne, oui ou non ? »
- « Est-ce que je demande ce que je mérite, oui ou non ? »

Ce sont des questions simples. Apparemment banales. Mais ce sont des questions existentielles.

Parce qu'en y répondant, vous ne choisissez pas seulement une action. Vous choisissez quelle histoire vous allez vivre.

L'histoire de la répétition ? Ou l'histoire de la transformation ?

Le vertige de la liberté

Il y a quelque chose de terrifiant dans ce moment du choix. Quelque chose que personne ne vous dit, mais que tous ceux qui l'ont vécu reconnaissent immédiatement :

Choisir sa vie, c'est accepter d'être seul.

Tant que vous répétez le schéma familial, tant que vous échouez comme vos ancêtres ont échoué, tant que vous souffrez comme ils ont souffert, vous êtes en communion avec eux. Vous appartenez au clan. Vous n'êtes jamais vraiment seul.

Mais si vous choisissez de réussir là où ils ont échoué, si vous choisissez d'être heureux là où ils ont été malheureux, vous rompez cette communion. Vous sortez du rang. Vous devenez un étranger dans votre propre famille psychique.

C'est ce vertige que ressent Léa. Ce sentiment d'être suspendue dans le vide. Ce sentiment de trahison.

Et c'est ce vertige que vous ressentirez aussi, si vous osez choisir votre vie.

Mais voici ce que Léa découvre de l'autre côté de ce vertige, et ce que vous découvrirez aussi :

La vraie fidélité, ce n'est pas de répéter. C'est de vivre pleinement.

En réussissant, Léa n'a pas trahi son grand-père. Elle l'a honoré. Elle a accompli pour lui ce qu'il n'a pas pu accomplir. Elle a prouvé que son talent n'était pas maudit. Elle a transformé la honte en fierté, l'échec en réussite, la mort en vie.

Vous devenez "Acteur" de votre vie et le pivot de l'histoire familiale

Le travail de psychogénéalogie que vous avez entrepris jusqu'ici vous a permis de devenir conscient des traumatismes familiaux qui vous ont été transmis.

Mais cette conscience, aussi précieuse soit-elle, ne vous donne pas automatiquement le pouvoir d'agir différemment. Elle vous donne seulement la possibilité d'agir différemment.

Et cette possibilité se transforme en réalité à un seul moment : le moment du choix.

C'est à cet instant précis, face à une situation concrète, que vous cessez d'être le sujet « spectateur » par votre histoire pour devenir le sujet « acteur » de votre destinée.

Vous passez de « Je subis mon héritage » à « Je choisis ma vie ».

C'est ce passage qui fait toute la différence entre une thérapie intellectuelle et une transformation véritable.

Le choix n'est pas toujours héroïque

Ne vous méprenez pas. Le choix dont nous parlons n'est pas toujours spectaculaire. Parfois, c'est un geste minuscule. Un clic. Un mot. Un pas.

Léa ne sauve pas le monde. Elle ne terrasse pas un dragon. Elle clique sur un bouton.

Mais ce clic, pour elle, c'est l'équivalent de franchir le mur du son. C'est rompre avec des générations de sabotage. C'est dire : « Ça s'arrête ici. Avec moi. »

Et c'est exactement ce que votre propre « clic » représentera pour vous.

Un geste simple. Mais chargé d'une signification immense.

Après le Choix : La Liberté et la Responsabilité

Une dernière chose, et elle est importante.

Après avoir fait le choix conscient, après avoir rompu le schéma, vous allez peut-être vous attendre à une délivrance totale. À une libération immédiate. À une joie sans mélange.

Ce n'est pas toujours ce qui se passe.

Parfois, comme Léa, vous allez pleurer. Parfois, vous allez ressentir un mélange de soulagement et de culpabilité. Parfois, vous allez avoir peur de ce que vous venez de faire.

C'est normal.

Parce que choisir sa vie, ce n'est pas seulement une libération. C'est aussi une responsabilité.

Vous ne pouvez plus blâmer vos ancêtres. Vous ne pouvez plus dire « C'est à cause d'eux. » Vous avez rompu le schéma. Maintenant, c'est à vous de construire. Et ça, c'est à la fois terrifiant et exaltant.

Mais c'est aussi la seule manière de vivre vraiment.

Votre épreuve du choix vous attend

Ce chapitre ne se termine pas ici. Il se termine dans votre vie, dans une situation concrète, face à un choix réel.

Ce choix, vous le reconnaîtrez. Vous saurez que c'est lui. Parce que votre cœur battra plus vite. Parce que vous aurez envie de fuir. Parce qu'une voix en vous dira : « Pas maintenant. Plus tard. »

Mais si vous avez fait le travail jusqu'ici, si vous avez eu le courage d'explorer vos fissures, de nommer vos fantômes, d'accomplir vos rituels, alors vous aurez aussi le courage de faire ce choix.

Vous ne serez pas seul. Vous porterez en vous la force de tous ceux qui, dans votre lignée, ont rêvé de cette libération sans pouvoir l'accomplir.

Et quand vous ferez ce choix, quand vous cliquerez sur ce bouton, quand vous franchirez cette porte, vous les libérerez avec vous.

Parce que c'est ça, la vraie magie de la psychogénéalogie.

En vous libérant, vous libérez toute la chaîne.

L'Atelier Intérieur : *Identifier votre point de bascule*

Nous voici au cœur du réacteur. Ce qui suit n'est pas un exercice de réflexion abstraite. C'est un exercice d'action différée. Vous allez préparer, ici et maintenant, votre propre moment de choix conscient. Vous allez identifier avec précision la situation où le vieux schéma se déclenche habituellement, et concevoir une réponse alternative.

Cet exercice demande du courage. De l'honnêteté. Et une volonté ferme de ne plus vous mentir.

Si vous sentez une résistance monter en vous, c'est normal. C'est même bon signe. Cela signifie que vous approchez du noyau. Respirez. Et continuez.

Étape 1 - Nommer votre schéma de répétition

Reprenez les « failles » que vous aviez identifié au tout début de ce livre (Chapitre 1, Atelier Intérieur). Ce schéma d'échec, de sabotage, de fuite ou d'abandon qui se répète dans votre vie.

Reformulez-le maintenant en une phrase claire et précise, au présent, à la première personne.

Exemples :

- « Chaque fois que je suis sur le point de conclure une vente importante, je trouve une excuse pour tout annuler. »
- « Dès qu'une relation amoureuse devient sérieuse, je provoque une dispute et je pars. »
- « À chaque fois que je dois prendre la parole en public, je tombe malade la veille. »
- « Juste avant de terminer un projet créatif, je le trouve nul et je l'abandonne. »

Votre schéma :

Relisez cette phrase à voix haute. Laissez-la résonner. C'est votre « monstre familier, votre fantôme ». Vous le connaissez par cœur. Mais aujourd'hui, pour la première fois, vous allez le regarder en face avec l'intention de ne plus lui obéir.

Étape 2 - Décortiquer le déclencheur

Maintenant, devenez enquêteur. Disséquez la situation. Votre schéma ne se déclenche pas n'importe quand, n'importe comment. Il y a un déclencheur précis.

Répondez à ces questions avec le plus de détails possibles :

a) Quelle est la situation exacte qui précède le sabotage ?

Exemple : « Je reçois un mail me confirmant un rendez-vous important. », « Mon partenaire me dit "Je t'aime" avec sérieux. », « Je vois la date limite approcher et le projet est presque terminé. »

b) Quelles sensations physiques accompagnent ce déclencheur ?

Exemple : « Mon ventre se noue. », « J'ai une boule dans la gorge. », « Mes mains tremblent légèrement. », « Je ressens une fatigue écrasante. »

c) Quelle pensée automatique surgit immédiatement ?

Exemple : « Je vais échouer. », « Il va me quitter de toute façon. », « Je ne suis pas à la hauteur. », « Ça ne sert à rien. »

d) Quelle action habituelle suit cette pensée ?

Exemple : « J'annule le rendez-vous. », « Je provoque une dispute. », « Je remets au lendemain. », « Je supprime tout et je recommence. »

Voilà. Vous venez de cartographier votre séquence de répétition avec une précision chirurgicale.

C'est cette séquence que vous allez interrompre.

Étape 3 - Créer votre scénario alternatif

Maintenant vient la partie la plus importante. Vous allez réécrire la fin.

Vous ne pouvez pas changer le déclencheur (la situation va se présenter). Vous ne pouvez pas toujours contrôler les sensations physiques (l'angoisse viendra peut-être). Vous ne pouvez pas toujours empêcher la pensée automatique de surgir (elle est câblée dans votre système nerveux).

Mais vous pouvez changer l'action qui suit.

C'est là, et seulement là, que se loge votre liberté.

Imaginez maintenant la prochaine fois où cette situation va se présenter. Elle se présentera, croyez-moi. La vie ne manque jamais de nous offrir l'occasion de rejouer nos schémas.

Mais cette fois, vous allez choisir une action différente.

Pas une action héroïque. Pas une révolution. Juste un petit pas différent.

<u>Questions pour vous guider :</u>

a) Quelle serait la plus petite action alternative que je pourrais poser ?

Exemple : « Au lieu d'annuler, je réponds au mail en disant simplement "Merci, je confirme." », « Au lieu de fuir, je respire profondément et je dis "J'ai peur, mais je reste." », « Au lieu de tout supprimer, je ferme l'ordinateur et j'attends 24 heures. »

b) Quel serait le coût de cette nouvelle action ?

Soyons honnêtes. Changer à un coût. Quel inconfort allez-vous devoir supporter pour poser cette action ?

Exemple : « Je vais ressentir une angoisse intense. », « Je vais avoir peur de réussir et d'être visible. », « Je vais me sentir coupable de "trahir" ma famille. »

c) Quel serait le gain de cette nouvelle action ?

Et maintenant, la question essentielle : qu'allez-vous gagner si vous osez ce petit pas différent ?

Exemple : « Je prouverai que je peux tenir un engagement. », « Je montrerai que je suis capable d'affronter ma peur. », « Je briserai le schéma d'échec de ma lignée. », « Je vivrai enfin MA vie. »

Étape 4 - Écrire votre nouveau scénario

Maintenant, écrivez votre nouveau scénario au présent, à la première personne, comme si vous le viviez.

Soyez précis. Incluez les sensations, les pensées, ET la nouvelle action.

Modèle :

« La situation [déclencheur] se présente. Mon corps réagit : [sensations physiques]. La pensée automatique surgit : [pensée habituelle]. Mais cette fois, je fais une pause. Je respire. Je me rappelle que cette pensée n'est pas la vérité, c'est un vieux programme. Et je choisis de poser cette action différente : [nouvelle action]. Je ressens [inconfort/peur], mais je le fais quand même. Et en le faisant, je me sens [fierté/liberté/soulagement]. »

Votre nouveau scénario : (Notez-les ci-dessous ou dans votre carnet).

Lisez ce texte à voix haute. Plusieurs fois. Jusqu'à ce qu'il s'imprime en vous.

Votre inconscient a besoin de cette répétition pour intégrer qu'une autre voie est possible.

Étape 5 - Le pacte avec vous-même

Maintenant, prenez un engagement solennel avec vous-même.

Écrivez ceci, à la main, sur une feuille que vous garderez visible (dans votre portefeuille, sur votre bureau, sur votre téléphone) :

« La prochaine fois que [situation déclencheur] se présente, je m'engage à poser cette action différente : [nouvelle action]. Même si j'ai peur. Même si c'est inconfortable. Même si une voix en moi me dit de fuir. Je le ferai. Parce que je choisis ma vie. »

Date : ____________

Signature : ____________

Ce pacte n'est pas anodin. En le signant, vous vous engagez. Vous passez de l'intention à l'action.

Étape 6 - Anticiper la Résistance (Optionnel mais puissant)

Votre système interne ne va pas se laisser faire sans réagir. Il va trouver des arguments pour vous convaincre de revenir au vieux schéma.

Anticipez-les maintenant. Listez les excuses, les rationalisations, les "oui mais..." que vous allez vous raconter.

Exemples :

- « Oui mais ce n'est pas le bon moment. »
- « Oui mais je ne suis pas encore prêt. »
- « Oui mais si j'échoue, ce sera pire. »
- « Oui mais ça ne changera rien de toute façon. »

Vos résistances prévisibles : (Notez-les ci-dessous ou dans votre carnet)

Et maintenant, pour chacune, écrivez votre réponse à vous-même :

Exemples :

- « Le bon moment n'existe pas. Le moment, c'est maintenant. »

- « Personne n'est jamais prêt. On se prépare en agissant. »
- « Échouer en osant vaut mieux que réussir à échouer par fidélité. »
- « Un petit pas différent change tout. C'est le début de la transformation. »

Vos réponses : (Notez-les ci-dessous ou dans votre carnet)

Ce que vous venez de faire

En accomplissant cet atelier, vous avez créé une carte mentale et émotionnelle de votre point de bascule. Vous avez nommé le monstre, identifié son territoire, et tracé le chemin alternatif.

Vous avez transformé un schéma inconscient en un choix conscient.

Mais attention : cet exercice ne vous libère pas magiquement. Il vous prépare. La vraie transformation se fera dans la vie réelle, le jour où vous vous tiendrez face à cette situation, et où vous oserez poser le petit pas différent.

Ce jour-là, vous saurez que vous êtes en train de réécrire l'histoire de votre lignée.

L'apport de la psychogénéalogie : *La confrontation au nœud transgénérationnel*

A. Le Moment de vérité : Quand le passé rencontre le présent

En psychogénéalogie, nous pouvons retrouver des "moments nodaux" : des instants cruciaux où le destin semble se jouer. Ce sont les carrefours où notre histoire personnelle croise la route des trajectoires ancestrales non résolues.

Pour Léa, ce moment survient au seuil de sa réussite. Ce n'est pas un hasard. Les nœuds transgénérationnels se manifestent toujours aux mêmes points de bascule : avant un mariage, avant une naissance, avant une réussite professionnelle majeure, ou à l'approche d'un âge symbolique.

Pourquoi ? Parce que l'inconscient familial teste notre loyauté. Il nous demande : *"Vas-tu franchir le seuil que tes ancêtres n'ont jamais pu franchir, ou vas-tu rester avec nous dans la fidélité au malheur ?"*

B. Le conflit de loyauté : Trahir ou Mourir

Les moments approchant de possibles réussites, sont souvent les plus dangereux pour celles et ceux qui portent un héritage d'échec. C'est ce qu'elle nomme le « complexe de trahison ».

Réussir, c'est symboliquement :

- Abandonner ceux qui ont échoué
- Se placer "au-dessus" de ses parents ou grands-parents
- Rompre le pacte invisible de solidarité dans la souffrance

L'inconscient familial nous souffle alors : *"Si tu réussis, tu seras seul. Tu ne seras plus des nôtres."*

C'est pour cela que Léa panique. Son angoisse n'est pas rationnelle, elle est archéologique. Elle remonte à la terreur de l'exclusion du clan. Dans les temps ancestraux, être exclu équivalait à mourir. Cette mémoire archaïque est encore gravée en nous.

C. Le syndrome du survivant transgénérationnel

Didier Dumas, psychanalyste spécialiste des transmissions psychiques, parle du « syndrome du survivant » qui se transmet sur plusieurs générations. Lorsqu'un ancêtre a vécu une tragédie (guerre, faillite, déshonneur, mort prématurée), les descendants peuvent porter une culpabilité inconsciente d'exister ou de mieux vivre que leurs aïeux.

Cette culpabilité se manifeste par un auto-sabotage systématique. Juste avant d'atteindre le succès, la personne :

- Tombe malade
- Commet une erreur fatale
- S'enfuit

- Provoque un conflit destructeur

Ce n'est pas de la faiblesse. C'est une fidélité aveugle.

Léa, paralysée devant son projet, incarne ce syndrome. Sa réussite serait une trahison de la mémoire du grand-père humilié. Son inconscient préfère l'échec et la loyauté à la réussite et la solitude.

D. La résolution : Transformer la dette en don

Le travail de libération transgénérationnelle consiste à transformer la dette en don.

Avant le travail : *"Je te dois de rester dans l'échec pour t'honorer."*

Après le travail : *"Je t'offre ma réussite en hommage à tes rêves brisés. Je réalise pour toi ce que tu n'as pas pu accomplir."*

Certains secrets, certaines hontes sont déposées comme des bombes à retardement dans l'inconscient des générations suivantes. Le travail thérapeutique consiste à désamorcer ces bombes en les nommant, en les sortant de l'ombre.

Léa, en choisissant consciemment de terminer son projet et d'y intégrer l'œuvre inachevée de son grand-père, opère cette transformation alchimique. Elle ne trahit pas, elle répare. Elle ne fuit pas, elle honore autrement.

Le moment du choix n'est jamais simple. Vous serez tenté de fuir, de saboter, de retomber dans le schéma connu. C'est normal. C'est la résistance de la loyauté invisible.Mais vous savez maintenant ce qui se joue. Vous savez que votre angoisse n'est pas la vôtre seule. Elle est la voix du clan qui vous rappelle à l'ordre. Votre mission, si vous l'acceptez : oser franchir le seuil. Oser la réussite. Oser la joie. Oser l'acceptation. Et en le faisant, offrir à vos ancêtres la réparation qu'ils attendent depuis des générations.

Car en vous libérant, vous les libérez aussi et surtout vous libérez les générations futures.

PROLONGEZ L'EXPÉRIENCE ET TÉLÉCHARGEZ VOS MÉDITATIONS TRANSGÉNÉRATIONNELLE INÉDITES

Les mots que vous venez de lire peuvent continuer à résonner en vous, mais parfois, l'intégration passe par une autre voie, c'est pourquoi j'ai enregistré pour vous trois méditations inédites, conçues pour vous accompagner dans votre cheminement personnel:

- Une méditation d'ancrage
- Une méditation de libération transgénérationnelle
- Une méditation de gratitude envers vos ancêtres

Ces audios sont offerts pour prolonger votre travail intérieur, à votre rythme. Scannez le QR Code pour télécharger vos méditations.

Anne MISCOLIEU

Chapitre 11 – Le projet accompli

Le récit de Léa : *La réparation par l'oeuvre*

Le jour J est arrivé.

Lyon baigne dans une lumière d'automne dorée. Dans l'auditorium du Palais des Congrès, une cinquantaine de professionnels de renom attendent : architectes-conseils, urbanistes, élus, maîtres d'ouvrage. Cinq agences finalistes vont défendre leur projet. Léa est la dernière.

Dans les coulisses, son cœur bat à tout rompre. Pas l'angoisse paralysante d'autrefois. Non. C'est une pulsation différente, vibrante, presque sacrée. Elle tient contre elle une chemise en carton usée par le temps. À l'intérieur : les croquis jaunis de son grand-père, découverts dans le grenier du Manoir de la Castellane.

Elle ferme les yeux. Respire. Dans sa poche, un petit mot qu'elle a écrit à destination de son grand-père : *"Je termine pour toi ce que tu n'as pas pu accomplir. Ta vision vivra à travers moi."*

Son nom résonne dans les haut-parleurs. C'est son tour.

Léa monte sur scène. Les projecteurs l'aveuglent un instant. Puis son regard trouve le jury. Cinq visages sévères, blasés par des années de présentations formatées. Elle pose la chemise sur le pupitre, ouvre son ordinateur, mais ne lance pas immédiatement les images.

Elle commence autrement.

« Je ne vais pas vous parler d'architecture. Pas tout de suite. Je vais d'abord vous raconter une histoire. »

Un murmure parcourt la salle. Ce n'est pas le protocole. Tant pis.

« Il y a soixante ans, un homme nommé Émile CORTAVO, a dessiné un manoir. Un projet visionnaire pour l'époque. Des courbes, une circulation de lumière révolutionnaire, faisant suite à l'intégration parfaite d'une verrière dans l'ouvrage. Ce projet devait être son chef-d'œuvre. »

Léa fit apparaître à l'écran les croquis originaux. Ses mains tremblent légèrement, mais sa voix est ferme.

« Mais ce projet ne s'est jamais construit tel qu'il l'avait imaginé. Emile CORTAVO a été humilié publiquement, accusé de malversation et de détournement de fonds. Il n'a plus jamais osé créer. Il est mort dans le silence, et dans la honte. Vous l'aurez compris, Émile CORTAVO était mon grand-père. »

Le silence dans la salle devient palpable.

« Pendant des années, j'ai porté cette honte sans la comprendre. J'ai saboté mes propres projets. J'ai fui les commandes importantes. J'ai reproduit son renoncement. »

Léa marque une pause. Respire profondément.

« Jusqu'à ce que je comprenne que je n'étais pas condamnée à répéter son destin. Que je pouvais, au contraire, le réparer. »

Léa projeta les premières images de son projet sur l'écran blanc. Le plan masse, les élévations, les perspectives intérieures. Chaque planche porte en filigrane l'esprit d'Émile : la fluidité des espaces, la danse de la lumière, le dialogue avec le paysage.

« Si je vous présente ce projet aujourd'hui c'est grâce au travail réalisé par Émile CORTAVO. J'ai repris ses principes. Ses intuitions sur la circulation naturelle de la lumière, sur l'ancrage territorial, sur la modestie des matériaux. Je les ai actualisés, adaptés aux enjeux contemporains : l'écologie, l'inclusivité, la réversibilité. »

Les images se succèdent. La salle est captivée. Ce n'est pas une simple présentation technique. C'est un acte de transmission vivante.

Léa referme son ordinateur. Elle pose ses deux mains sur le pupitre.

« Je ne suis pas venue devant vous uniquement pour remporter ce concours. Je suis venue achever l'œuvre qu'Émile CORTAVO n'a pas pu accomplir. Je ne remplace pas mon grand-père. Je l'honore. Et je lui rends enfin ce qu'on lui a volé : la reconnaissance. »

Léa fait une dernière pause, puis ajoute d'une voix plus douce :

« Merci de m'avoir écoutée. »

Le silence dans la salle est absolu. Puis, quelque chose d'inattendu se produit. Une femme dans le jury, architecte-conseil de renommée internationale, les yeux embués, retire ses lunettes et hoche lentement la tête. Puis, discrètement, des applaudissements se firent entendre. Contenus. Mais réels. Léa, les yeux rougis, vit dans les gradins sa mère applaudir de manière effrénée. Un peu plus loin l'intégralité de son cabinet était là, ses collègues exultés. Julien, son patron était bouche-bée.

Léa reste immobile, les larmes roulant librement sur ses joues. Ce n'est pas l'ovation pour elle. C'est pour *lui*. Pour Émile. Pour le grand-père humilié qui, enfin, reçoit l'hommage qu'il méritait.

Trois semaines plus tard, le verdict tombe. Léa et son cabinet remportent le concours et l'appel d'offre pour la réhabilitation du Manoir de la Castellane. Rendez-vous est pris avec les membres du jury, pour une cérémonie d'inauguration à Pézenas, du Manoir après sa réhabilitation.

Mais ce qui compte encore plus pour Léa, c'est la lettre qu'elle reçoit d'une vieille dame du village. L'ancienne secrétaire de mairie, témoin du drame de son grand-père. Elle écrit :

« Merci, mademoiselle CORTAVO. Vous avez rendu justice à un homme bon. J'étais là quand on l'a détruit. Aujourd'hui, grâce à vous, je peux mourir en paix, sachant que la vérité a triomphé. Émile peut enfin reposer en paix. »

Léa relit cette lettre des dizaines de fois. Elle la range précieusement dans la chemise en carton, à côté des croquis de son grand-père.

Le cycle est bouclé. La dette est soldée. Le fantôme peut dormir.

Et Léa, pour la première fois de sa vie, se sent *libre.*

Le miroir du lecteur : *La véritable libération ne consiste pas à rejeter notre héritage, mais à le sublimer*

Vous venez de lire l'histoire de Léa.

Peut-être avez-vous ressenti quelque chose de profondément familier. Cette tension entre le désir d'accomplir et la peur de trahir. Ce tiraillement entre honorer les ancêtres et devenir soi-même. Cette question lancinante : *« Est-ce vraiment mon projet… ou celui d'un autre à travers moi ? »*

Léa ne s'est pas libérée en rejetant l'héritage d'Émile. Elle ne s'est pas libérée en reniant son grand-père, en déclarant : *« Ce n'est pas mon histoire, je n'ai rien à voir avec ça.* » Non. Elle s'est libérée en accomplissant ce qu'il n'avait pas pu faire. En transformant son renoncement en réalisation. En métamorphosant la honte familiale en reconnaissance publique.

Et c'est précisément là que réside le paradoxe salvateur de la psychogénéalogie : la véritable libération ne consiste pas à rejeter notre héritage, mais à le sublimer.

Rejeter ou sublimer : deux chemins opposés

Pendant des années, Léa a *reproduit* sans comprendre. Elle n'avait jamais connu Émile. Elle ignorait tout de son histoire. Pourtant, elle sabotait systématiquement ses projets au moment décisif. Elle renonçait, inexplicablement, alors que tout semblait possible. Comme si quelque chose en elle *savait*, avant même qu'elle ne découvre la vérité familiale.

C'est cela, le piège des loyautés invisibles : on répète ce qu'on ignore.

Quand elle est arrivée à Pézenas, quand elle a découvert l'histoire d'Émile dans ce grenier poussiéreux, tout a pris sens. Les sabotages. Les renoncements. Cette sensation diffuse d'être empêchée. Elle portait son échec sans le connaître. Elle héritait de sa honte sans même savoir qu'elle existait.

À ce moment-là, **deux chemins** s'ouvraient devant Léa :

- Rejeter l'héritage d'Émile

Elle aurait pu dire :

« Ce n'est pas mon histoire. Je ne l'ai jamais connu. Je ne lui dois rien. Son échec ne me concerne pas. Je vais réussir *malgré* lui, *sans* lui. »

C'est un réflexe compréhensible. Quand on découvre qu'on a porté inconsciemment le fardeau d'un ancêtre, la première tentation est de s'en débarrasser. De tracer une frontière nette. De déclarer : *« Ce n'est pas à moi. Je refuse. »*

Mais ce chemin-là est un piège.

Parce que rejeter, c'est encore être lié. C'est rester dans la réaction. Vous dépensez une énergie folle à prouver que vous êtes différent·e, libre, autonome. Mais cette guerre vous enchaîne. Vous restez prisonnier·e de ce que vous combattez.

- Sublimer l'héritage : Le choix qu'a fait Léa, pour elle, ainsi que pour les générations suivantes.

Elle a dit :

« Cette histoire est aussi la mienne, même si je ne l'ai pas choisie. Je reconnais ce qu'il m'a transmis, le talent, la vision, mais aussi la blessure. Je vais prendre ce qui me nourrit, transformer ce qui m'entrave. Je ne réussis pas *malgré* lui. Je réussis *avec* lui, *grâce* à lui. »

Résultat ? Elle a cessé de lutter *contre* pour créer *avec*. Et soudain, elle a découvert une puissance insoupçonnée : celle de toute une lignée qui se tenait derrière elle, qui la poussait, qui l'attendait. Parce qu'elle ne la trahissait plus. Elle l'accomplissait.

Il s'agit de trier ce qui est un trésor.

Sublimer ne signifie pas tout accepter aveuglément. Ce n'est pas devenir le réceptacle passif des drames familiaux. Ce n'est pas dire : *« Puisque mon grand-père a échoué, je dois échouer aussi. »*

Non. Sublimer, c'est distinguer :

- Ce qui est un trésor : les talents transmis, les valeurs authentiques, les rêves nobles qui n'ont pas pu éclore.
- Ce qui est un poids : les traumatismes non digérés, les injonctions toxiques, les renoncements par peur.

Léa n'a pas repris la honte d'Émile. Elle a repris sa *vision*. Elle n'a pas hérité de son humiliation. Elle a hérité de son *génie créateur*. Elle a trié. Elle a gardé l'or. Elle a laissé le plomb.

Et c'est exactement ce que vous êtes invité à faire.

Dans vos valises transgénérationnelles, il y a des trésors. Des talents que personne n'a pu développer. Des rêves que personne n'a osé réaliser. Des forces que personne n'a su nommer. Ces trésors vous appartiennent. Ils attendent que vous les sortiez de l'ombre, que vous les époussetiez, que vous les fassiez briller.

En transformant le plomb en or, nous honorons nos aïeux bien plus qu'en répétant leurs drames.

Parce qu'honorer, ce n'est pas reproduire. Honorer, c'est accomplir ce qu'ils auraient voulu accomplir s'ils en avaient eu les moyens, le courage, la liberté.

<u>Nous accomplissons pour eux ce qu'ils n'ont pu faire.</u>

Léa n'a pas rénové le Manoir de la Castellane tel qu'Émile l'avait dessiné. Ce n'était pas possible. Ce n'était pas son époque, pas son contexte. Mais elle a repris ses principes — l'harmonie avec le paysage, la circulation de la lumière, l'audace des courbes organiques — et elle les a actualisés dans un projet moderne, vivant, reconnu.

Elle n'a pas fait *à la place* d'Émile. Elle a fait *avec* lui. Elle a porté son projet plus loin. Elle a continué le mouvement qu'il avait initié.

Et c'est cela, la réparation transgénérationnelle : non pas effacer l'échec, mais le transformer en transmission.

Vous aussi, vous portez peut-être en vous un projet inachevé. Pas forcément un projet architectural. Peut-être un livre jamais écrit. Une entreprise jamais créée. Un talent artistique jamais exprimé. Une réconciliation jamais vécue. Un pardon jamais donné.

Ce projet vous appelle. Vous ne savez pas toujours pourquoi, mais il résonne en vous avec une intensité particulière. Vous ressentez qu'en l'accomplissant, vous faites plus que réaliser un rêve personnel. Vous réparez quelque chose de plus grand.

Et vous avez raison.

Parce qu'en accomplissant consciemment ce qu'un ancêtre n'a pas pu faire, vous :

. Libérez l'ancêtre. Il n'est plus figé dans l'échec. Son désir trouve enfin une issue.

. Vous libérez vous-même du sabotage. Vous sortez de la loyauté invisible qui vous poussait à renoncer comme lui.

. Transformez la lignée entière. Les générations futures n'hériteront plus du renoncement, mais de l'accomplissement.

Ce que cela change concrètement dans votre vie

Quand vous cessez de rejeter votre héritage pour le sublimer, tout change.

Vous arrêtez de saboter vos succès. Vous ne reproduisez plus les échecs familiaux par loyauté invisible. Vous vous autorisez à réussir *pleinement*, sans culpabilité, sans peur de trahir.

Vous puisez dans une force collective. Vous n'êtes plus seul·e face à vos défis. Vous sentez, viscéralement, que toute une lignée vous soutient. Vous avancez avec la puissance de ceux qui vous ont précédé.

Vous donnez du sens aux épreuves passées. Les drames familiaux cessent d'être des fardeaux absurdes. Ils deviennent des étapes d'un chemin. Des épreuves qui ont forgé ce que vous êtes. Des graines qui, enfin, peuvent germer.

Vous devenez un maillon conscient. Vous ne subissez plus l'héritage. Vous le choisissez. Vous le transformez. Vous le transmettez, amélioré, réparé, sublimé.

L'accomplissement n'efface pas la douleur. Il la transfigure.

Léa n'a pas effacé l'humiliation d'Émile. Elle ne pouvait pas. Le passé reste le passé. Mais elle a fait quelque chose de plus puissant : elle a donné un *sens* à cette douleur. Elle a montré que l'échec n'était pas une fin. Qu'il pouvait être le terreau d'une future réussite. Qu'une injustice pouvait, des générations plus tard, se transformer en reconnaissance.

C'est cela, sublimer : transformer la blessure en source de création.

Vos ancêtres ont souffert. Ils ont échoué. Ils ont renoncé. Oui. Mais cette souffrance peut devenir votre matériau. Leur échec peut devenir votre élan. Leur renoncement peut devenir votre accomplissement.

Non pas pour les oublier. Non pas pour les surpasser avec arrogance. Mais pour les honorer. Pour leur dire, enfin : *« Merci. Grâce à vous, je suis là. Grâce à vous, je peux. »*

Alors, posez-vous la question suivante :

Quel projet inachevé de votre lignée résonne en vous ?

Quel rêve avorté, quel talent enfoui, quelle ambition brisée vous appelle ? Qu'est-ce qui, en vous, demande à être accompli — non pas seulement pour vous, mais pour eux ?

Peut-être ne le savez-vous pas encore précisément. Peut-être est-ce encore flou, diffus, à peine murmuré. C'est normal. La réponse viendra. Parce qu'elle est déjà en vous. Elle attend simplement que vous lui fassiez de la place.

L'Atelier Intérieur : *Transformer le plomb en or*

Repensez à un héritage familial qui vous semble lourd (une tendance à la mélancolie, une peur de manquer, une colère…). Quel "or" se cache derrière ce "plomb" ? La mélancolie peut cacher une grande sensibilité ; la peur de manquer, un sens de l'économie et de la prévoyance. Comment pouvez-vous utiliser la qualité qui existe sous le manteau du fardeau ?
Cet atelier est un travail de résilience active. Il s'agit de regarder en face ce que vous avez toujours perçu comme un handicap familial et d'identifier la compétence de survie qu'il contient.
Parce que tout trait familial qui a traversé les générations a eu, à un moment donné, une fonction adaptative. Vos ancêtres ont développé ces réflexes pour survivre. Ils ont été utiles. Ils ont protégé. Ils ont permis de tenir.

Aujourd'hui, ces mêmes réflexes peuvent être inadaptés. Mais cela ne signifie pas qu'ils sont inutiles. Ils contiennent une ressource. Votre mission : la débusquer et la réorienter.

Pourquoi axer cet atelier sur la résilience ?

La résilience, ce n'est pas « surmonter malgré ». C'est « transformer grâce à ».

Étape 1 - Identifier le trait de caractère qui pèse

Posez-vous calmement. Prenez une feuille et un stylo. Vous allez faire un exercice d'observation factuelle. Pas de jugement. Pas de culpabilité. Juste des constats.
Questions :
« Quel comportement ou trait de caractère se répète dans ma famille, et que je perçois comme un poids ? »
Ne cherchez pas le « traumatisme lourd ». Cherchez le schéma récurrent. Le truc qui revient, générations après générations, et qui vous gêne dans votre vie. Si vous avez déjà pu identifier ces traumas dans les ateliers précédents vous pouvez les retravailler dans cet atelier.

Exemples concrets :

- « Dans ma famille, on ne fait jamais confiance à personne. Mes grands-parents se méfiaient, mes parents aussi, et moi je suis toujours sur mes gardes. »
- « Dans ma famille, on ne dépense jamais rien. Mes parents ont vécu dans la privation, et moi, même quand j'ai de l'argent, j'ai l'impression que je n'ai pas le droit de me faire plaisir. »
- « Dans ma famille, on ne montre jamais ses émotions. Pleurer, c'est faible. Se plaindre, c'est inadmissible. Résultat : je suis coupé de ce que je ressens. »
- « Dans ma famille, on est toujours inquiet. Il faut anticiper le pire, prévoir les catastrophes, ne jamais se détendre. »

Notez précisément le trait de caractère. Pas de formulation vague. Soyez factuel.

Exemple :

« Dans ma famille, on se méfie systématiquement des autres. On ne se confie jamais. On garde tout pour soi. »

Étape 2 - Identifier le contexte d'origine - Pourquoi ce trait de caractère est apparu ?

Maintenant, contextualisez.

Ce trait de caractère n'est pas apparu par hasard. Il a été une réponse à une menace réelle. Une stratégie de protection. Une adaptation nécessaire.

Questions :

- Qu'est-ce que ce trait a permis de protéger ou d'éviter chez mes ancêtres ? Quelle souffrance, quel danger, quelle perte ce comportement a-t-il contribué à prévenir ?
- Quelle compétence de survie, quelle qualité adaptative se cache derrière ce comportement que je perçois aujourd'hui comme un poids ?
- En quoi ce comportement, utile dans le contexte d'origine, devient-il limitant ou inadapté dans ma vie actuelle ? Quelles occasions, quelles relations, quels plaisirs me fait-il manquer ?

Le trait de caractère	Le contexte d'origine	Ce qu'il a protégé
Méfiance systématique	Trahisons, spoliations, guerre	La sécurité physique et matérielle
Privation perpétuelle	Pauvreté, famine, insécurité économique	La survie face à la pénurie
Refus d'exprimer les émotions	Milieu répressif, danger à montrer sa vulnérabilité	La dignité, l'évitement de la violence
Inquiétude permanente	Environnement imprévisible, pertes brutales	La vigilance, la capacité à anticiper le danger

Reformulez pour votre propre trait de caractère :

Exemple :

« Mes grands-parents ont été spoliés pendant la guerre. Faire confiance, c'était risquer de tout perdre. La méfiance les a sauvés. »

Écrivez cette phrase : « Ce trait a permis à mes ancêtres de [...]... »

Étape 3 - Identifier la compétence de résilience cachée

Maintenant, passez du défaut à la compétence. Ce trait qui vous pèse aujourd'hui contient une capacité de survie. Une qualité qui, réorientée, peut devenir une force.

Questions :

- Quelle compétence de résilience ce trait de caractère contient-il ?

Voici un tableau pour vous guider :

Le trait (perçu comme un poids)	La compétence de résilience cachée
Méfiance permanente	Discernement, lucidité, capacité à ne pas se faire avoir
Peur de manquer	Sobriété choisie, capacité à gérer les ressources, prévoyance
Refus d'exprimer les émotions	Maîtrise de soi, capacité à ne pas se laisser submerger, stabilité
Inquiétude excessive	Vigilance, anticipation, capacité à prévoir et à s'adapter
Rigidité	Discipline, fiabilité, capacité à tenir ses engagements
Pudeur maladive	Respect de l'intimité, profondeur, refus de la superficialité

Reformulez maintenant votre trait de caractère en termes de compétence.

Exemple :

« Ma méfiance est aussi une lucidité. Une capacité à voir ce que les autres ne voient pas. Une vigilance qui me protège des manipulations. »

Écrivez cette phrase : « Ce trait contient en réalité une compétence : [...]. »

Étape 4 - Réorienter la compétence - Comment l'utiliser consciemment ?

Vous avez identifié la compétence. Maintenant, il faut la réorienter.

Parce que le problème, ce n'est pas la compétence elle-même. C'est qu'elle fonctionne en automatique, dans des contextes où elle n'est plus nécessaire.

Question :
Comment puis-je utiliser cette compétence de manière consciente et choisie, au lieu de la subir ?

Exemples concrets :

- Méfiance → Discernement conscient :

  « Je vais m'entraîner à identifier *pourquoi* je me méfie. Est-ce une intuition justifiée, ou un réflexe automatique ? Je vais choisir de faire confiance *quand c'est justifié*, au lieu de me méfier par défaut. »

- Peur de manquer → Sobriété choisie :

  « Je vais utiliser mon sens de l'économie non par peur, mais par choix conscient. Je vais me donner le droit de dépenser *quand cela a du sens*, et économiser *quand cela me protège.* »

- Inquiétude → Vigilance stratégique :

  « Je vais transformer mon inquiétude en capacité d'anticipation. Je vais prévoir, planifier, anticiper *quand c'est utile*, et lâcher prise *quand c'est inutile.* »

<u>Écrivez votre plan d'action :</u>

« Je choisis de transformer [le trait automatique] en [compétence consciente]. Concrètement, je vais [action précise]. »

Exemple :

« Je choisis de transformer ma méfiance automatique en discernement conscient. Concrètement, je vais m'arrêter 5 secondes avant de juger une personne ou une situation, et me demander : Est-ce une intuition justifiée, ou un vieux réflexe ?

Étape 5 - Ancrer la transformation dans le réel

Maintenant, vous allez tester cette nouvelle orientation dans votre vie.

Choisissez une situation concrète où le trait automatique se manifeste habituellement, et expérimentez consciemment la compétence réorientée.

<u>Exemples :</u>

- Si vous travaillez sur la méfiance :

  « La prochaine fois que quelqu'un me propose quelque chose, je vais prendre 10 secondes pour observer ma réaction. Si c'est de la méfiance automatique, je vais choisir consciemment de poser des questions au lieu de rejeter. »

- Si vous travaillez sur la peur de manquer :

  « Cette semaine, je vais m'offrir une chose que je me refuse habituellement. Une chose qui me fait plaisir, sans culpabilité. Et je vais observer ce que ça me fait. »

- Si vous travaillez sur l'inquiétude :

  « Demain, je vais noter toutes mes inquiétudes de la journée. Le soir, je vais relire et cocher celles qui étaient justifiées. Je vais constater combien d'énergie j'ai dépensé pour rien. »

Notez votre engagement :

« Cette semaine, je vais tester ma nouvelle compétence dans cette situation : [...]. »

____

____

Et après une semaine, faites le bilan. Qu'est-ce que ça a changé ? Qu'avez-vous ressenti ? Qu'avez-vous appris ?

<u>Ce que cet atelier va provoquer en vous</u>

Cet exercice va déplacer quelque chose de fondamental.

Vous allez cesser de vous battre contre un héritage. Vous allez commencer à l'utiliser.

Vous allez comprendre que vous n'êtes pas condamné à répéter. Vous avez le pouvoir de transformer. De réorienter. De choisir.

Et vous allez honorer vos ancêtres autrement. Non plus en subissant leurs souffrances, mais en valorisant les compétences de survie qu'ils ont développées. En faisant de leur plomb votre or.

C'est cela, la résilience transgénérationnelle.

Prenez le temps qu'il faut.

<u>Et quand vous aurez fini, vous saurez une chose essentielle</u> :

Vous n'êtes pas le produit passif de votre héritage. Vous êtes l'acteur conscient de sa transformation.

Boris Cyrulnik, le psychiatre qui a popularisé ce concept en France, le répète : les personnes résilientes ne sont pas celles qui n'ont pas souffert. Ce sont celles qui ont su utiliser leur souffrance comme un levier de transformation.

Dans le cadre transgénérationnel, c'est exactement ce que vous allez faire :

- Vous allez cesser de subir un héritage comme une fatalité.
- Vous allez identifier la fonction de survie qui se cache derrière.
- Vous allez réorienter cette fonction pour qu'elle serve votre vie, et non la limite.

Léa n'a pas effacé l'échec d'Émile. Elle l'a transformé en moteur. Elle a pris le renoncement familial et l'a métamorphosé en accomplissement. C'est de la résilience transgénérationnelle.

C'est exactement ce que vous allez faire maintenant.

L'apport de la psychogénéalogie : *Le courage sublimé de la résilience*

L'histoire de Léa n'est pas une simple réussite personnelle. C'est une transformation transgénérationnelle. Un acte de réparation qui dépasse l'individu pour toucher toute une lignée.

Ce que Léa a accompli porte un nom en psychogénéalogie : la résilience transgénérationnelle. Ce concept, développé notamment par Boris Cyrulnik, montre comment un descendant peut transformer un traumatisme familial en force créatrice, métamorphoser une blessure héritée en source d'accomplissement.

Mais cette transformation ne se fait pas par magie. Elle exige une prise de conscience, un travail intérieur, et surtout : un acte délibéré de réorientation.

La dette invisible et la loyauté inconsciente

Dans toute famille circule une dette invisible. Pas une dette d'argent. Une dette de destin.

Quand un ancêtre n'a pas pu réaliser son projet, quand un rêve a été brisé, quand une injustice n'a pas été réparée, cette non-réalisation se transmet. Elle crée une sorte de mission implicite pour les générations suivantes.

Anne Ancelin Schützenberger, pionnière de la psychogénéalogie, parle de loyauté familiale invisible. Les descendants, sans le savoir, tentent de "régler les comptes" du passé. Ils reprennent les combats inachevés, répètent les échecs pour les comprendre, ou au contraire accomplissent ce qui n'a pas pu l'être.

Léa était loyale à Émile. Mais elle ne l'était pas par répétition. Elle l'était par accomplissement.

Plutôt que de reproduire son échec (ce qui aurait été une forme de loyauté passive), elle a choisi de réaliser son rêve à sa place. Elle a transformé le renoncement en aboutissement. Elle a réparé la blessure non pas en la répétant, mais en la sublimant.

C'est ce que la psychogénéalogie appelle une loyauté créatrice.

La résilience transgénérationnelle : transformer le plomb en or

La résilience, selon Boris Cyrulnik, n'est pas simplement "rebondir après un choc". C'est la capacité à transformer une souffrance en force créatrice.

Dans le cadre transgénérationnel, cela devient encore plus puissant : il ne s'agit plus seulement de se relever *soi*, mais de relever toute une lignée.

Léa n'a pas seulement réhabilité un manoir. Elle a reconstruit une histoire.

Elle a pris le traumatisme d'Émile - son humiliation, sa ruine, son silence - et elle en a fait un moteur. Elle a transformé :

- La honte en fierté.
- Le renoncement en accomplissement.
- Le silence en récit.
- L'échec en héritage.

Ce processus comporte plusieurs étapes.

1. La reconnaissance du traumatisme

Léa n'a pas nié l'échec d'Émile. Elle l'a vu. Elle l'a ressenti. Elle a compris que ce silence familial cachait une blessure.

On ne peut pas transformer ce qu'on refuse de voir.

2. L'identification de la ressource cachée

Derrière l'échec d'Émile, Léa a vu autre chose : un rêve brisé, mais un rêve valable. Elle a compris que ce rêve contenait une aspiration légitime, une vision, une ambition qui méritait d'exister.

Tout traumatisme contient une ressource. Émile avait du courage, de la créativité, de l'audace. Ces qualités ont été écrasées par l'échec, mais elles n'ont pas disparu. Elles attendaient qu'un descendant les réhabilite.

3. La réorientation consciente

Léa n'a pas répété le schéma d'Émile. Elle n'a pas tenté de construire *exactement comme lui*, dans les mêmes conditions, avec les mêmes méthodes. Elle a pris l'essence de son rêve et l'a adapté à son époque, à ses moyens, à son contexte.

Elle a gardé l'ambition. Elle a changé la méthode.

C'est cela, la résilience transgénérationnelle : honorer l'intention, transformer l'exécution.

4. L'acte symbolique de réparation

En présentant son projet avec assurance, Léa a fait quelque chose de profondément réparateur. Elle a rendu visible et légitime ce qu'Émile avait été contraint de cacher.

Les trois piliers de la transformation transgénérationnelle

L'histoire de Léa illustre parfaitement ce que la psychogénéalogie enseigne : on ne se libère pas d'un héritage en le fuyant, mais en le transformant.

Cette transformation repose sur trois piliers :

1. La conscience

On ne peut pas transformer ce qu'on ignore. Léa a pris conscience du destin d'Émile. Elle a compris que son propre élan créatif était lié à cette histoire. Elle a fait le lien.

Sans cette prise de conscience, elle aurait pu réussir, certes. Mais elle n'aurait pas réparé. Elle n'aurait pas transformé.

2. La reconnaissance

On ne peut pas transformer ce qu'on méprise. Léa n'a pas jugé Émile. Elle n'a pas dit : « Il a échoué parce qu'il était faible. » Elle a reconnu son courage, son ambition, son audace. Elle a honoré ce qui était beau dans son rêve.

C'est en honorant la qualité cachée qu'on peut la réactiver.

3. L'action

On ne peut pas transformer sans agir. Léa n'a pas seulement compris. Elle n'a pas seulement ressenti. Elle a agi. Elle a construit. Elle a présenté. Elle a osé.

La résilience transgénérationnelle n'est pas un concept théorique. C'est un acte concret.

Chapitre 12 – La maison réconciliée

Le Récit de Léa : *L'accomplissement*

Quelques mois plus tard...

La lumière du matin entre à flots par les grandes baies vitrées, ornées de vitraux artisanaux. Léa se tient debout dans le hall d'entrée du manoir, immobile, les mains posées sur la rambarde d'escalier qu'elle a elle-même choisie. Chêne massif. Courbes épurées. Élégance intemporelle.

Elle inspire profondément.

C'est fini.

Non, se reprend-elle. Ce n'est pas fini. C'est accompli.

Le manoir est là, restauré, habité de lumière. Les murs ont retrouvé leur blancheur originelle. Les poutres apparentes, poncées et traitées, racontent leur histoire sans la cacher. Les sols en pierre naturelle brillent doucement sous ses pieds. Tout respire l'équilibre. La simplicité. La justesse.

L'inauguration a eu un succès éclatant. Le manoir est magnifique, élégant, vivant. Il a retrouvé sa superbe d'antan. En hommage à son grand-père, Léa a utilisé ses plans retrouvés pour construire une magnifique verrière.

Elle trône au-dessus du salon, laissant entrer la lumière à flots. Sa mère est là, apaisée, reconnaissante, avec une fierté émue.

Léa se souvient du premier jour. La poussière. Le froid. Le silence pesant. Comme si la maison retenait son souffle, prisonnière d'un passé figé.

Aujourd'hui, la maison respire.

Elle entend encore les mots du jury c'étant déplacé pour l'inauguration :

« Vous avez compris l'essentiel, mademoiselle. Construire, ce n'est pas imposer. C'est révéler. »

Elle avait senti quelque chose se dénouer en elle à cet instant. Une peur ancienne qu'elle portait sans la nommer. Elle avait osé parler. Défendre son projet avec une assurance qu'elle ne se connaissait pas.

Léa, revoit Julien, levant son verre, pour lui porter un toast.

« Léa, ce que tu as fait ici va bien au-delà d'une simple restauration. Tu as redonné une âme à ce manoir. Et par la même occasion, tu as redonné une visibilité à notre cabinet. Les clients affluent. Ils veulent tous travailler avec l'architecte qui a su respecter l'âme d'un lieu en le faisant renaître. »

Les applaudissements fusent. Léa sourit, ancrée. Cette reconnaissance n'est pas une fin. C'est une confirmation.

Léa savait que maintenant, pour elle, tout allait bien se passer.

Cette certitude n'est pas de l'optimisme naïf. C'est une confiance intérieure bâtie sur du solide. Sur un accomplissement qu'elle a mené de bout en bout.

Elle ne porte plus le poids de l'échec d'Émile. Elle porte l'élan de sa propre réussite.

Elle n'est plus la descendante qui tente de réparer une blessure familiale. Elle est l'architecte qui construit son propre avenir sur les fondations d'un passé réconcilié.

Quelques jours plus tard, Léa reçoit un appel. Une cliente potentielle. Une femme qui a vu les photos du manoir, qui souhaite la rencontrer pour lui confier la restauration d'une ancienne ferme familiale.

« C'est exactement ce que je cherche, dit la femme. Quelqu'un qui comprend que restaurer, ce n'est pas effacer le passé. C'est lui donner un avenir. »

Léa sourit.

« C'est exactement ce que je fais. »

Le miroir du lecteur : *L'héritage n'est pas une fatalité*

Léa a hérité d'un échec. Elle en a fait une réussite. Pas en l'effaçant. Pas en le niant. Pas en prétendant qu'il n'existait pas. En l'intégrant. Puis en le transformant. C'est exactement ce que vous allez faire maintenant.

L'héritage : ce que vous ne pouvez pas refuser

Contrairement à un testament matériel, l'héritage transgénérationnel ne se refuse pas. Vous ne choisissez pas ce que vos ancêtres vous transmettent. Vous ne signez aucun papier. Vous ne pouvez pas décliner la succession. Vous héritez. Point.

Léa hérite de l'échec d'Émile. Elle ne l'a pas choisi. Elle ne l'a pas vécu. Mais elle le porte. Vous aussi, vous portez quelque chose. Peut-être une vulnérabilité transmise. Un échec répété. Un silence lourd. Une injonction invisible. Vous ne l'avez pas demandé. Mais c'est là. En vous. Dans vos gestes. Dans vos peurs. Dans vos blocages inexpliqués. Et c'est normal.

Parce que l'héritage transgénérationnel, ce n'est pas une anomalie. Ce n'est pas une malédiction. C'est la mémoire vivante de votre lignée.

Premier temps : L'intégration

Intégrer, ce n'est pas accepter passivement. C'est reconnaître activement que cela fait partie de votre histoire.

Léa aurait pu dire :

- « Mon grand-père a échoué, mais ça ne me concerne pas. »
- « C'est son problème, pas le mien. »
- « Je vais faire comme s'il n'avait jamais existé. »

Elle ne l'a pas fait.

Parce que nier l'héritage, c'est rester prisonnier de cet héritage.

Au contraire, elle a dit :

- « Oui, cet échec existe. »
- « Oui, il a marqué ma famille. »
- « Oui, il résonne en moi. »

Ce "oui" est libérateur.

Intégrer, c'est cesser de lutter contre ce qui est. C'est regarder en face ce que vous avez reçu. Pas pour vous y soumettre. Mais pour en faire quelque chose.

Quel héritage portez-vous malgré vous ?

Peut-être est-ce une anxiété qui vous colle à la peau, même quand tout va bien. Une peur de réussir, alors que vous en avez les capacités. Un silence sur certains sujets, comme si une main invisible vous fermait la bouche. Une difficulté à vous engager, à vous enraciner, à faire confiance.

Vous le reconnaissez ?

Ce n'est pas de votre faute. Ce n'est pas une faiblesse. Ce n'est pas un défaut de caractère. C'est un héritage. Et comme tout héritage, il ne vous définit pas. Il vous traverse. Il vous habite. Mais il ne vous appartient pas.

Vous n'êtes pas obligé de le garder tel quel. Vous pouvez le transformer.

Deuxième temps : La transformation, l'acte de sublimation

L'intégration ne suffit pas à elle seule, cette action doit être accompagnée d'un autre acte : la sublimation.

Léa aurait pu s'arrêter là. Se dire : « Bon, j'ai compris, mon grand-père a échoué, je porte ça, tant pis. »

Non. Elle a décidé de transformer.

Et pour comprendre ce processus de transformation, il faut parler de sublimation.

La sublimation

En chimie, la sublimation désigne le passage d'un état solide à un état gazeux, sans passer par l'état liquide. C'est une transformation directe, presque magique. La glace carbonique, par exemple, ne fond pas : elle s'évapore.

Freud a emprunté ce terme pour décrire un mécanisme psychique fondamental.

Pour lui, la sublimation est le processus par lequel une énergie pulsionnelle — souvent sexuelle ou agressive, issue de l'inconscient — est détournée vers un but socialement valorisé et créatif.

Au lieu d'être refoulée (étouffée, niée, enfouie) ou exprimée de manière destructrice, l'énergie est canalisée, réorientée, transformée en quelque chose de constructif.

Un artiste sublime sa souffrance en œuvre d'art.
Un médecin sublime son angoisse de mort en soin des vivants.
Un écrivain sublime sa rage en mots justes.

La sublimation, c'est l'alchimie du psychisme.

Elle ne supprime pas la pulsion, la blessure, l'héritage.
Elle les sublime.

La sublimation transgénérationnelle

Mais la sublimation ne concerne pas seulement nos pulsions personnelles.

Elle peut aussi s'appliquer à l'héritage transgénérationnel.

Quand vous héritez d'un traumatisme, d'un échec, d'un interdit familial, vous avez trois options :

1. Le refouler : faire comme s'il n'existait pas. Mais alors, il resurgira sous forme de symptômes : anxiété, dépression, blocages, répétitions compulsives.

2. Le reproduire : répéter inconsciemment l'échec, le traumatisme, le schéma familial. Échouer là où vos ancêtres ont échoué. Souffrir comme ils ont souffert.
3. Le sublimer : reconnaître cet héritage, l'intégrer, puis le transformer en quelque chose de plus élevé, de plus créatif, de plus vivant.

Sublimer c'est le choix qu'a fait Léa avec l'échec d'Émile.

<u>Sublimer, c'est élever sans renier</u>

Voilà le cœur de la sublimation transgénérationnelle.

Vous ne trahissez pas vos ancêtres en réussissant là où ils ont échoué.

Vous ne les abandonnez pas en vivant autrement qu'eux.

Vous les accomplissez.

Parce que ce qu'ils portaient, leur énergie, leur talent, leur désir, leur rêve, n'était pas faux. Ce n'était pas vain.

C'était juste incomplet. Ou mal orienté. Ou empêché par leur époque, leur contexte, leurs propres blessures.

Et vous, vous héritez de cette énergie. Vous pouvez la laisser dormir. Vous pouvez la répéter aveuglément. Ou vous pouvez la sublimer.

Exemples concrets de sublimation transgénérationnelle :

→ Héritage : Votre mère a vécu dans la peur constante du manque. Elle économisait tout, ne s'offrait rien, restait dans l'austérité.

→ Sublimation : Vous héritez de sa prudence, mais vous la transformez. Au lieu de vivre dans la peur, vous développez une intelligence financière. Vous êtes rigoureux, prévoyant, mais libre. Vous savez épargner ET investir. Vous savez vous protéger ET vous faire plaisir.

→ Héritage : Votre père était un homme taiseux, incapable d'exprimer ses émotions. Il a vécu dans le silence, la retenue, la froideur.

→ Sublimation : Vous héritez de sa sobriété émotionnelle, mais vous la transformez. Vous devenez un écoutant puissant, capable de contenir les émotions des autres sans vous laisser envahir. Vous parlez peu, mais juste. Vous êtes posé, mais pas froid. Vous transformez le silence en présence.

→ Héritage : Votre grand-mère a été une femme sacrifiée, effacée, qui a tout donné sans jamais rien demander.

→ Sublimation : Vous héritez de sa générosité, mais vous la transformez. Vous devenez généreux sans vous oublier. Vous donnez, mais vous savez recevoir. Vous aimez, mais vous savez poser des limites. Vous transformez le sacrifice en altruisme équilibré.

« La sublimation, c'est garder l'essence, transformer la forme. » Anne MISCOLIEU

L'héritage n'est pas une fatalité. C'est une matière première.

Voilà la vérité essentielle. Vous n'êtes pas condamné à répéter. Vous n'êtes pas prisonnier de ce que vos ancêtres ont vécu, raté, ou subi. Vous êtes l'héritier créatif de leur histoire. Léa n'a pas reconstruit le manoir à l'identique. Elle l'a réinventé. Elle a pris les fondations d'Émile et y a ajouté sa vision, sa modernité, sa lumière. Elle n'a pas fait « mieux » qu'Émile. Elle a fait différemment. Et c'est exactement ce que vous pouvez faire.

<u>De victime de l'héritage à créateur de votre vie</u>

Tant que vous subissez l'héritage, vous restez victime et donc prisonnier de la transmission transgénérationnelle.
Quand vous l'intégrez, vous devenez conscient de cet héritage, de l'appartenance de ce dernier aux générations passées.
Quand vous le sublimez, vous devenez créateur, vous prenez possession de cet héritage, pour le transformer.

C'est ainsi que Léa transforme, la petite-fille d'un architecte raté, en une créatrice innovante. Elle est l'architecte qui a réussi.
Et en réussissant, elle n'a pas trahi Émile. Elle l'a accompli, elle l'a réhabilité dans son honneur et dans son art.

Elle a pris ce qu'il lui avait transmis, son audace, sa vision, son talent, et elle en a fait ce qu'il n'avait pas pu faire : une œuvre aboutie.

Vous aussi, vous portez quelque chose d'inachevé.
Un talent étouffé. Un rêve avorté. Une vocation empêchée. Une liberté interdite.
Ce n'est pas de votre faute. Vous ne l'avez pas choisi.
Mais maintenant, vous pouvez le sublimer.
Vous pouvez prendre ce qui était échec et en faire réussite.
Vous pouvez prendre ce qui était silence et en faire parole.
Vous pouvez prendre ce qui était peur et en faire courage.
Vous pouvez faire ce que vos ancêtres n'ont pas pu faire.
Et ce faisant, vous ne les abandonnez pas.
Vous les libérez et vous vous accomplissez.

<u>L'atelier intérieur : *Créer l'objet de transformation - L'acte de sublimation par excellence*</u>

Maintenant, vous allez passer à l'acte. Pas seulement écrire. Pas seulement penser.
Vous allez créer quelque chose de vos mains.

<u>Pourquoi créer ?</u>

Parce que la création est l'essence même de la sublimation telle que Freud l'a théorisée.
L'artiste qui peint, l'écrivain qui écrit, le musicien qui compose : tous subliment. Ils prennent leurs pulsions, leurs angoisses, leurs héritages, et ils en font une œuvre.

Vous allez faire de même.

Vous allez prendre l'énergie héritée, cette énergie qui était bloquée, refoulée, empêchée chez votre ancêtre, et vous allez la transformer en œuvre.
L'œuvre n'a pas besoin d'être belle au sens esthétique du terme. Elle n'a pas besoin d'être parfaite. Elle doit simplement être vraie. Elle doit porter en elle la trace de votre transformation.

<u>Consigne : Choisissez un support de création</u>

Vous allez créer un objet, une œuvre, une trace matérielle de votre sublimation. Choisissez le support qui vous parle le plus, celui qui résonne avec votre sensibilité, votre histoire, vos compétences.

→ Un dessin ou une peinture : Représentez symboliquement l'héritage que vous portez, puis sa transformation. Vous pouvez dessiner deux images côte à côte : l'une qui montre l'énergie empêchée, l'autre qui montre l'énergie sublimée. Utilisez des couleurs, des formes, des symboles qui parlent à votre inconscient. Laissez votre main guider le geste. Ne cherchez pas à faire « beau ». Cherchez à faire vrai.

→ Un collage : Découpez dans des magazines, imprimez des images qui vous touchent, assemblez des mots, des textures, des fragments. Créez une composition visuelle qui raconte votre passage de l'héritage subi à l'héritage sublimé. Le collage est particulièrement puissant car il symbolise l'acte de reconstruction : prendre des morceaux épars et en faire un tout cohérent.

→ Une sculpture ou un modelage : Utilisez de la terre, de la pâte à modeler, du papier mâché, des objets trouvés, du bois, du métal. Donnez forme à ce que vous transformez. Vos mains façonnent la matière comme votre psyché façonne l'héritage. Sentez la matière résister sous vos doigts, puis céder, puis prendre forme. C'est exactement ce qui se passe en vous.

→ Un poème ou un texte libre : Écrivez sans censure, en vers ou en prose. Laissez les mots affluer, même s'ils sont maladroits, même s'ils sont crus. Ils n'ont pas besoin d'être parfaits. Ils doivent être justes. Écrivez ce que vous ressentez face à cet héritage, comment vous le transformez, ce que vous en faites.

→ Une musique ou une chanson : Si vous jouez d'un instrument, composez quelques notes, un motif mélodique, un rythme. Si vous chantez, improvisez sur des mots qui viennent. Même maladroit, le son porte l'émotion. La musique a ce pouvoir unique de toucher directement l'inconscient, de faire vibrer ce qui n'a pas de mots.

→ Une photographie mise en scène : Créez une image symbolique. Disposez des objets dans la lumière, composez une scène qui raconte visuellement votre transformation. Photographiez ce qui, pour vous, incarne le passage de l'héritage empêché à l'héritage sublimé.

L'essentiel : Créer avec intention

Avant de commencer votre création, posez un acte de conscience. Dites à voix haute, ou dans votre tête si vous préférez :

« Je crée cette œuvre pour transformer l'héritage de [prénom de l'ancêtre]. Ce qui était bloqué devient mouvement. Ce qui était silence devient forme. Ce qui était échec devient création. »

Cette intention n'est pas un détail. Elle fait toute la différence entre une simple activité manuelle et un véritable acte de sublimation psychique.

Vous créez pour transformer. Vous créez avec conscience. Vous créez dans un but précis : libérer l'énergie empêchée et la faire circuler autrement.

Pendant la création : Laissez l'inconscient parler

Une fois que vous commencez à créer, ne jugez pas. Ne cherchez pas la perfection. Ne comparez pas votre œuvre à celles des autres.

Laissez-vous surprendre par ce qui émerge.

Parfois, vos mains savent avant votre tête. Parfois, vous commencez avec une idée et l'œuvre prend une tout autre direction. Laissez faire.

C'est votre inconscient qui parle. C'est la partie profonde de vous-même qui se met à l'œuvre, qui transforme, qui libère.

Créer, c'est laisser l'inconscient s'exprimer sans censure.

Si des émotions vous viennent pendant la création (tristesse, colère, joie, soulagement), accueillez-les. Pleurez si vous en avez besoin. Riez. Tremblez. Ces émotions sont le signe que quelque chose bouge en vous, que la transformation est en train de se produire.

Une fois l'œuvre achevée : Contemplez votre transformation

Quand vous sentez que votre œuvre est terminée, et vous le sentirez, arrêtez-vous et posez vos outils. Prenez du recul en regardant ce que vous avez créé.
Contemplez-le, observez les détails, les formes, les couleurs, la composition. Laissez l'œuvre vous parler, écoutez ce qu'elle a vous dire.

Cette œuvre, c'est vous qui l'avez créée, pas votre ancêtre, pas votre héritage, pas votre histoire familiale.
Vous et seulement vous.
Vous avez pris l'énergie empêchée de votre aïeul, vous l'avez traversée et intégrée, vous l'avez transformée, et vous en avez fait quelque chose de nouveau, de créatif.
Cette œuvre est la preuve matérielle que vous n'êtes plus prisonnier de votre lignée.
Vous en êtes l'héritier créatif.

Que faire de l'œuvre ?

Une fois votre œuvre achevée, vous avez deux possibilités. Les deux sont légitimes. Les deux portent un sens profond. Écoutez ce qui résonne en vous.

Choix 1 : Vous pouvez choisir de conserver cette œuvre.

Elle devient alors un talisman, un rappel physique et tangible de votre transformation. Placez-la quelque part où vous la verrez régulièrement : sur votre bureau, dans votre chambre, dans un coin de votre salon. Chaque fois que votre regard se posera sur elle, vous vous souviendrez de ce que vous avez accompli. Vous vous souviendrez que vous avez sublimé. Vous vous souviendrez que vous êtes libre.

Choix 2 : Vous pouvez choisir de la détruire rituellement.

Vous pouvez aussi choisir de détruire cette œuvre de manière ritualisée. Brûlez-la dans un feu conscient, enterrez-la dans la terre, jetez-la à l'eau d'une rivière. Sa destruction symbolise que la transformation est accomplie, qu'elle est désormais intégrée en vous, et que vous n'avez plus besoin de support extérieur pour la porter. L'œuvre a rempli son rôle dans l'acte même de sa création. Elle peut maintenant disparaître, libérant l'énergie une dernière fois.

Les deux choix sont possibles justes. Écoutez votre intuition. Elle sait. Cependant, évitez de donner ou de vendre la création, en effet, cette dernière porte une intention qui vous était personnelle, et transgénérationnelle.

Vous n'êtes plus la victime inconsciente de votre héritage familial. Vous êtes devenu le créateur d'une histoire familiale exempte d'empruntes transgénérationnelles.
Vous venez d'accomplir un travail psychique profond et transformateur.
L'héritage n'est pas une fatalité. C'est une matière première.
Et vous venez d'en faire une œuvre.

L'apport de la psychogénéalogie : *L'intégration et la transmission : nettoyer les dettes du passé, nous cessons de les transmettre à nos enfants*

Vous avez fait le chemin. Vous avez fouillé dans les archives de votre lignée, déterré les secrets enfouis, reconnu les loyautés invisibles qui vous enchaînaient. Vous avez identifié les traumatismes non résolus, les deuils non faits, les hontes transmises de génération en génération. Vous avez compris que vous portiez en vous des héritages qui n'étaient pas les vôtres, que vous répétiez des schémas qui ne vous appartenaient pas. Et puis, vous avez fait ce geste essentiel, ce geste libérateur

: vous avez sublimé. Vous avez transformé l'énergie empêchée en création. Vous avez pris ce qui était lourd, figé, pathologique, et vous en avez fait quelque chose de vivant, de léger, de constructif. Vous avez honoré vos ancêtres non pas en répétant leurs échecs, mais en accomplissant ce qu'ils n'ont pas pu accomplir. Vous avez nettoyé les dettes du passé.

Le travail transgénérationnel n'est pas un acte de guérison personnelle uniquement.

Beaucoup abordent la psychogénéalogie comme une thérapie parmi d'autres, un outil de développement personnel pour aller mieux, pour comprendre leurs blocages, pour se libérer de leurs souffrances. Et c'est vrai. C'est légitime. C'est nécessaire. Mais ce travail ne s'arrête pas là. Il ne concerne pas que vous. Le travail transgénérationnel est un acte de responsabilité pour l'avenir. En nettoyant les dettes du passé, en intégrant les traumatismes non résolus, en sublimant les énergies empêchées, vous ne vous libérez pas seulement vous-même. Vous libérez aussi ceux qui viennent après vous. Vos enfants. Vos petits-enfants. Les générations futures de votre lignée. Car ce que vous ne réglez pas, ce que vous ne transformez pas, ce que vous laissez en friche dans votre psyché, ils le porteront à leur tour.

La transmission inconsciente : Comment nous léguons nos non-dits ?

Vous l'avez compris maintenant : ce qui n'est pas dit dans une génération est crié dans la suivante. Les secrets, les hontes, les traumatismes non élaborés ne disparaissent pas avec le temps. Ils ne s'effacent pas d'eux-mêmes. Ils

s'enkystent, se transmettent, ressurgissent sous d'autres formes.
Un grand-père qui a subi la guerre sans jamais pouvoir en parler transmet à ses enfants une angoisse diffuse, une peur de manquer, une hypervigilance. Ses enfants, qui n'ont pas vécu la guerre mais en portent l'empreinte, transmettent à leur tour à leurs propres enfants des comportements de survie inadaptés au contexte actuel : difficulté à faire confiance, besoin de tout contrôler, impossibilité de se détendre. Une arrière-grand-mère qui a été rejetée par sa famille pour avoir enfanté hors mariage transmet à ses descendantes une honte liée à la sexualité, une culpabilité inconsciente d'exister, une peur d'être abandonnées. Trois générations plus tard, une jeune femme ne comprend pas pourquoi elle sabote systématiquement ses relations amoureuses, pourquoi elle se sent coupable d'être heureuse, pourquoi elle a l'impression de ne pas avoir le droit d'exister pleinement.
Un père qui a échoué professionnellement et qui n'a jamais pu élaborer cet échec transmet à son fils une injonction paradoxale : « réussis pour moi », mais aussi « ne réussis pas plus que moi, tu me trahirais ». Le fils se retrouve piégé, incapable d'aller au bout de ses projets, reproduisant l'échec paternel sans comprendre pourquoi.
Ce mécanisme est implacable. Tant que vous ne nettoyez pas consciemment ces héritages, tant que vous ne les intégrez pas et ne les sublimez pas, vous les transmettez. Malgré vous. Malgré votre amour pour vos enfants. Malgré votre volonté de leur offrir une vie meilleure. Vous les transmettez par vos silences, par vos non-dits, par vos comportements inconscients, par les émotions que vous refoulez, par les secrets que vous gardez.
En nettoyant votre lignée, vous offrez à vos enfants une liberté nouvelle.

Imaginez maintenant l'inverse. Imaginez que vous faites ce travail. Que vous identifiez les héritages toxiques, que vous les nommez, que vous les comprenez, que vous les transformez. Imaginez que vous brisez consciemment les chaînes invisibles qui vous reliaient aux traumatismes de vos ancêtres. Que se passe-t-il pour vos enfants ?
Ils naissent dans une lignée allégée. Ils grandissent dans un système familial où les secrets ont été dits, où les hontes ont été élaborées, où les traumatismes ont été intégrés. Ils ne porteront pas ce que vous avez porté. Ils ne répéteront pas ce que vous avez répété. Ils seront libres de vivre leur propre vie, d'inventer leur propre histoire, sans être entravés par des loyautés invisibles dont ils ne comprennent même pas l'origine. C'est le plus beau cadeau que vous puissiez leur faire. Non pas de l'argent. Non pas un statut social. Non pas une éducation parfaite. Mais une lignée nettoyée, une histoire familiale apaisée, un héritage sublimé.

Vous êtes le maillon conscient de votre lignée.

Dans toute lignée, il y a un moment où quelqu'un se réveille. Quelqu'un qui regarde en arrière et se dit : « Ça suffit. Je ne veux plus transmettre ça. Je veux comprendre. Je veux transformer. » Ce quelqu'un, c'est peut-être vous. Vous êtes peut-être celui ou celle qui, dans votre famille, a décidé de faire ce travail. Qui a eu le courage de fouiller dans les placards, de poser les questions inconfortables, de regarder en face les ombres familiales. Vous êtes peut-être celui ou celle qui a eu accès à la connaissance, la psychogénéalogie, les théories de la transmission transgénérationnelle, les outils de sublimation, et qui a eu la lucidité de les utiliser.

Vous êtes le maillon conscient. Et en tant que tel, vous avez une responsabilité. Pas une charge écrasante, pas une culpabilité supplémentaire, mais une responsabilité au sens noble du terme : la capacité de répondre, de prendre en main ce qui vous a été transmis et de le transformer avant de le transmettre à votre tour.

La transmission consciente : léguer des forces, pas des fardeaux

Faire ce travail ne signifie pas effacer l'histoire familiale. Ne signifie pas couper les liens avec vos ancêtres. Ne signifie pas nier les souffrances qu'ils ont vécues. Cela signifie choisir ce que vous transmettez. Car dans votre héritage, il n'y a pas que du toxique. Il y a aussi du précieux. Il y a des forces, des talents, des valeurs, des combats justes, des résiliences extraordinaires, des amours profonds. Votre travail consiste à trier. À garder les forces. À sublimer les faiblesses. À honorer les ancêtres en transmettant ce qu'ils avaient de meilleur, pas ce qu'ils avaient de plus douloureux.
Qu'est-ce que vous voulez transmettre à vos enfants ?
Prenez un instant. Posez-vous cette question en conscience : « Qu'est-ce que je veux transmettre à mes enfants ? » Pas ce que vous avez reçu par défaut. Pas ce que vous portez inconsciemment. Mais ce que vous choisissez consciemment de transmettre.
Voulez-vous leur transmettre : la peur de manquer, ou la capacité à faire confiance à la vie ? La honte d'exister, ou la légitimité d'être pleinement soi ? L'interdiction de réussir, ou l'autorisation de déployer leurs talents ? Le silence sur les émotions, ou la capacité à parler, à ressentir, à exprimer ? La loyauté aveugle aux schémas familiaux, ou la liberté de choisir leur propre voie ?

En nettoyant votre lignée, vous choisissez. Vous ne subissez plus. Vous décidez. Et cette décision change tout pour ceux qui viennent après vous.

« C'est votre place unique dans la longue chaîne de la vie. Vous êtes le pivot entre les générations passées et votre lignée future. » Anne MISCOLIEU

Il y a eu vos arrière-grands-parents, qui ont vécu dans un monde que vous ne connaissez pas, qui ont traversé des épreuves que vous ne pouvez qu'imaginer. Il y a eu vos grands-parents, qui ont hérité des traumatismes de leurs parents et qui ont fait ce qu'ils ont pu avec ce qu'ils avaient. Il y a eu vos parents, qui ont porté à leur tour ces héritages, qui vous les ont transmis malgré eux, tout en vous aimant du mieux qu'ils pouvaient. Et il y a vous. Vous qui êtes là, maintenant, avec cette conscience nouvelle. Avec ces outils. Avec cette volonté de transformer.

Vous êtes le pivot. Derrière vous, des générations de souffrances, de loyautés, de non-dits. Devant vous, vos enfants, vos petits-enfants, les générations futures qui pourront vivre plus librement parce que vous aurez fait ce travail. C'est votre place unique dans la longue chaîne de la vie. Vous êtes celui ou celle qui nettoie. Qui intègre. Qui sublime. Qui transforme les dettes en cadeaux, les fardeaux en forces, les traumatismes en résilience.

Un dernier mot : ne cherchez pas la perfection.

Ce travail n'a pas de fin. Vous ne serez jamais « complètement guéri ». Vous ne nettoierez jamais « tout » de votre lignée. Il y aura toujours des zones d'ombre, des secrets que vous ne connaîtrez jamais, des héritages que vous ne comprendrez pas complètement. Et c'est normal. Ce qui compte, ce n'est pas la perfection. C'est la direction. Ce qui compte, c'est que vous ayez pris la

décision de faire ce travail. Que vous ayez posé un regard conscient sur votre héritage. Que vous ayez choisi de sublimer plutôt que de répéter.
Même imparfaitement, même maladroitement, vous aurez déjà changé quelque chose de fondamental dans votre lignée. Vous aurez cassé la répétition aveugle. Et cela, en soi, est immense.

Vous avez nettoyé les dettes du passé. Vous ne les transmettez plus.

Vous avez fait le travail. Vous avez exploré votre arbre généalogique, vous avez dressé votre génosociogramme et identifié les héritages lourds. Vous avez reconnu les énergies empêchées, et sublimé ce qui devait l'être. Vous avez nettoyé les dettes du passé. Et ce faisant, vous avez offert à vos enfants, présents ou à venir, la possibilité de vivre plus librement. Ils ne porteront pas ce que vous avez porté. Ils pourront inventer leur propre histoire.

C'est votre héritage à vous. Non pas un héritage de souffrance, mais un héritage de transformation. Non pas un fardeau, mais un cadeau. Vous êtes celui ou celle qui a brisé la chaîne. Et cela, personne ne pourra vous l'enlever.

DONNEZ VOTRE AVIS

Si ce livre vous a touché, éclairé ou accompagné… dans votre cheminement personnel, aidez-nous à le faire connaître et à accompagner d'autres lecteurs.

Chaque avis sincère contribue à faire émerger cet ouvrage et à le faire découvrir à ceux qui en ont besoin. **Laissez votre avis en 2 minutes :**

Scannez ce QR code avec votre smartphone ou votre tablette :

FLASHEZ MOI

(Vous serez redirigé directement vers la page Commentaires Amazon du livre)

PROLONGEZ L'EXPÉRIENCE ET TÉLÉCHARGEZ VOS MÉDITATIONS TRANSGÉNÉRATIONNELLE INÉDITES

Les mots que vous venez de lire peuvent continuer à résonner en vous, mais parfois, l'intégration passe par une autre voie, c'est pourquoi j'ai enregistré pour vous trois méditations inédites, conçues pour vous accompagner dans votre cheminement personnel:

- Une méditation d'ancrage
- Une méditation de libération transgénérationnelle
- Une méditation de gratitude envers vos ancêtres

Ces audios sont offerts pour prolonger votre travail intérieur, à votre rythme. Scannez le QR Code pour les obtenir.

Anne MISCOLIEU

Mot de l'Auteur

Ce livre est une clé

Pas une recette miracle. Pas une promesse de bonheur instantané.
Une clé. Pour ouvrir les portes du grenier familial. Pour allumer la lumière dans les pièces condamnées. Pour comprendre enfin ce qui se joue vraiment dans votre vie.

Ce que vous allez découvrir ici n'est pas une théorie abstraite. C'est un chemin initiatique, jalonné d'exercices concrets, de questions qui dérangent, et de prises de conscience qui libèrent.

Vous allez suivre Léa dans son enquête. Mais en réalité, c'est votre propre enquête que vous allez mener.

Trois routes se dessinent devant vous :

La première : refermer ce livre et continuer comme avant. Continuer à porter ce fardeau invisible, à vous épuiser dans les mêmes impasses, à transmettre à votre tour ce poids à ceux que vous aimez. C'est un choix. Personne ne vous jugera.

La deuxième : lire ce livre comme on lit un roman, passivement, en hochant la tête. « C'est intéressant. » Puis le ranger dans la bibliothèque et retourner à vos habitudes. L'information sera là, mais rien ne changera vraiment.

La troisième : accepter de vous engager. De faire les exercices, même quand ils vous bousculent. De poser les questions difficiles. De regarder votre arbre généalogique non plus comme une succession de dates, mais comme une carte au trésor. D'oser devenir l'enquêteur et le guérisseur de votre propre lignée.

Si vous choisissez cette troisième voie, je vous préviens : ce ne sera pas confortable. Mais ce sera libérateur.

Léa a choisi. Et vous ?

J'ai écrit ce livre parce que j'ai vu, dans mon cabinet et dans ma vie, la puissance de cette compréhension. Parce que j'ai vu des personnes se redresser, respirer enfin, quand elles ont compris qu'elles n'étaient pas « défaillantes », mais simplement loyales à une mémoire enfouie.

Maintenant, c'est à vous de choisir.

Si vous désirez me faire part des émotions ou pensées qui vous ont accompagné au fil de cette lecture, je serai ravie de découvrir votre message. Vous pouvez me contacter à : annemiscolieu@gmail.com.

ANNEXE – Pour aller plus loin : bibliographie commentée et ressources essentielles

Cette annexe permettra à ceux qui veulent approfondir leur compréhension de la psychogénéalogie, de le faire. Chaque ouvrage, chaque article, chaque thèse a été sélectionné pour sa pertinence, sa profondeur et sa capacité à enrichir votre réflexion personnelle.

Je vous invite à considérer cette bibliographie comme un prolongement naturel de votre voyage intérieur. Certains textes vous éclaireront sur les fondements théoriques de ce que vous avez expérimenté dans ce livre. D'autres vous offriront des cas cliniques concrets, des exemples de transformations réussies. D'autres encore vous permettront d'explorer des dimensions complémentaires : la neurobiologie de la transmission, les approches thérapeutiques associées, les liens avec les traumatismes collectifs.

Lisez selon votre appétit, selon vos besoins, selon ce qui résonne en vous.

I- LES ŒUVRES FONDATRICES DE LA PSYCHOGÉNÉALOGIE

1. Anne Ancelin Schützenberger – Aïe, mes aïeux ! (Desclée de Brouwer, 2015 2 éme Édition)

Pourquoi le lire : C'est le livre fondateur de la psychogénéalogie moderne en France. Anne Ancelin Schützenberger y expose avec clarté et rigueur le concept de syndrome d'anniversaire, la notion de loyauté familiale invisible, et la façon dont les traumatismes non élaborés se transmettent de génération en génération. Ce livre est accessible, illustré de nombreux cas cliniques, et reste une référence incontournable pour quiconque s'intéresse à la transmission transgénérationnelle.

Ce que vous y trouverez : Des exemples concrets de répétitions familiales (dates de décès, maladies, échecs professionnels), des outils pour construire son génosociogramme, une introduction aux travaux de Moreno, Dolto, Boszormenyi-Nagy. Un style vivant, incarné, pédagogique.

À qui s'adresse-t-il : À tous. Débutants comme confirmés. C'est le point de départ idéal pour comprendre les mécanismes transgénérationnels.

2. Serge Tisseron et al. – Le Psychisme à l'épreuve des générations (Dunod, 2012, 2 éme Édition)

Pourquoi le lire : Serge Tisseron, psychiatre et psychanalyste, développe une théorie rigoureuse et nuancée de la transmission psychique entre les générations. Il distingue ce qui se transmet de façon consciente (les récits familiaux, les valeurs) et ce qui se transmet de façon inconsciente (les secrets, les hontes, les traumatismes non symbolisés). Son approche est à la fois clinique et théorique, ancrée dans la psychanalyse freudienne et lacanienne.

Ce que vous y trouverez : Une analyse fine des secrets de famille, de leur impact sur les descendants, et des mécanismes de clivage psychique qui permettent de maintenir ces secrets enfouis. Tisseron explore également la notion de crypte familiale (empruntée à Nicolas Abraham et Maria Torok) et montre comment les non-dits deviennent des fantômes qui hantent les générations suivantes.

À qui s'adresse-t-il : Aux lecteurs qui veulent une approche plus théorique et psychanalytique de la transmission transgénérationnelle. Demande un niveau de concentration élevé, mais récompense largement l'effort.

3. Didier Dumas – L'Ange et le Fantôme : introduction à la clinique de l'impensé généalogique (Minuit, 1985), Préface de Françoise DOLTO

Pourquoi le lire : Didier Dumas est l'un des premiers à avoir théorisé en France l'idée que les traumatismes non symbolisés par les parents deviennent des fantômes pour leurs enfants. Il montre comment les enfants portent en eux des angoisses, des phobies, des symptômes qui ne leur appartiennent pas, mais qui sont l'expression inconsciente de ce que leurs parents n'ont pas pu élaborer. Son style est poétique, parfois hermétique, mais profondément inspirant.

Ce que vous y trouverez : Une réflexion sur la place de l'enfant dans le psychisme parental, sur la façon dont il devient le réceptacle des non-dits familiaux, et sur les voies de libération possibles. Des cas cliniques touchants et troublants.

À qui s'adresse-t-il : Aux lecteurs sensibles à la dimension poétique et symbolique de la psychanalyse. Aux parents qui veulent comprendre ce qu'ils transmettent malgré eux à leurs enfants.

II- LES CONCEPTS CLÉS : LOYAUTÉ, DETTE, TRANSMISSION

4. Ivan Boszormenyi-Nagy – Invisible Loyalties (non traduit en français, Harper & Row, 1973)

Pourquoi le lire : Boszormenyi-Nagy est le créateur du concept de loyauté invisible. Il montre que chaque membre d'une famille est lié aux autres par des dettes et des obligations implicites, et que ces loyautés inconscientes déterminent une grande partie de nos choix de vie (mariage, profession, rapport à l'argent, santé). Sa théorie de la dette transgénérationnelle est essentielle pour comprendre pourquoi nous répétons certains schémas familiaux.

Ce que vous y trouverez : Une théorie systémique de la famille, une réflexion sur l'équilibre des dettes et des mérites entre générations, des pistes pour sortir des loyautés pathogènes.

À qui s'adresse-t-il : Aux lecteurs qui maîtrisent l'anglais et qui veulent approfondir les fondements théoriques des loyautés familiales. Texte exigeant, mais fondamental.

5. Nicolas Abraham et Maria Torok – L'Écorce et le Noyau (Flammarion, 1999)

Pourquoi le lire : Ces deux psychanalystes hongrois ont développé les concepts de crypte et de fantôme. La crypte est un espace psychique où est enfoui un secret honteux, un trauma indicible. Le fantôme est l'effet de cette crypte sur les générations suivantes : les descendants portent en eux quelque chose qu'ils ne comprennent pas, qui vient d'un secret qu'ils ne connaissent pas. Cette théorie a profondément influencé la psychogénéalogie contemporaine.

Ce que vous y trouverez : Une réflexion dense et brillante sur les effets psychiques des secrets de famille, sur la transmission des traumatismes non symbolisés, sur la façon dont le refoulé d'une génération devient le symptôme de la suivante.

À qui s'adresse-t-il : Aux lecteurs passionnés de psychanalyse, prêts à plonger dans une écriture exigeante et conceptuelle. Lecture difficile mais éclairante.

6. Françoise Dolto – Lorsque l'enfant paraît (Seuil, 1977-1979, 3 tomes)

Pourquoi le lire : Françoise Dolto, pédiatre et psychanalyste, a révolutionné la compréhension de l'enfance en montrant que l'enfant comprend tout, même ce qu'on ne lui dit pas. Elle insiste sur l'importance de parler aux enfants, de leur expliquer les événements familiaux (morts, séparations, secrets), pour éviter qu'ils ne portent des angoisses incompréhensibles. Ses travaux sont essentiels pour comprendre la transmission précoce des traumatismes.

Ce que vous y trouverez : Des réponses aux questions des parents, des cas cliniques d'enfants porteurs de symptômes familiaux, une réflexion sur l'importance de la parole et de la vérité dans la construction psychique de l'enfant.

À qui s'adresse-t-il : À tous les parents, et à tous ceux qui travaillent avec des enfants. Lecture fluide, accessible, profondément humaine.

III- TRAUMA, MÉMOIRE ET TRANSMISSION BIOLOGIQUE

7. Rachel Yehuda et al. – How Trauma and Resilience Cross Generations (article scientifique, 2016)

Pourquoi le lire : Rachel Yehuda est une chercheuse américaine de renommée mondiale, spécialiste de l'épigénétique du traumatisme. Elle a démontré que les traumatismes vécus par une génération (notamment les survivants de la Shoah) peuvent laisser des marques épigénétiques transmissibles aux descendants. Ses travaux apportent une validation scientifique aux intuitions de la psychogénéalogie.

Ce que vous y trouverez : Des données scientifiques solides sur la transmission biologique du stress post-traumatique, des études sur les descendants de survivants de génocides, des pistes pour comprendre comment le corps « se souvient » des traumatismes ancestraux.

À qui s'adresse-t-il : Aux lecteurs qui veulent ancrer la psychogénéalogie dans les neurosciences contemporaines. Article en anglais, accessible en ligne.

8. Boris Cyrulnik – Les Vilains Petits Canards (Odile Jacob, 2001)

Pourquoi le lire : Boris Cyrulnik, neuropsychiatre et figure emblématique de la résilience, montre comment certaines personnes parviennent à se reconstruire après des traumatismes terribles. Il explore les mécanismes de la résilience individuelle et transgénérationnelle, et offre une perspective optimiste : le trauma n'est pas une fatalité, il peut être transformé.

Ce que vous y trouverez : Des histoires de résilience touchantes, une réflexion sur le rôle des tuteurs de résilience (personnes qui aident à se reconstruire), une approche bienveillante et humaniste du traumatisme.

À qui s'adresse-t-il : À tous ceux qui veulent comprendre comment on peut guérir d'un passé douloureux, et transmettre de la résilience plutôt que du trauma. Lecture accessible, inspirante, porteuse d'espoir.

9. Nathalie Zajde – Les Enfants cachés en France (Odile Jacob, 2012)

Pourquoi le lire : Nathalie Zajde, ethnopsychiatre, a travaillé sur les enfants cachés pendant la Seconde Guerre mondiale et leurs descendants. Elle montre comment un traumatisme collectif (la Shoah) se transmet sur plusieurs générations, et comment les descendants portent en eux des angoisses, des comportements de survie, des secrets familiaux liés à cette histoire. Son travail est un modèle d'analyse transgénérationnelle appliquée à un trauma historique majeur.

Ce que vous y trouverez : Des témoignages bouleversants, une analyse fine des mécanismes de transmission du traumatisme collectif, des pistes thérapeutiques pour les descendants de survivants.

À qui s'adresse-t-il : À tous ceux qui s'intéressent aux liens entre histoire collective et psychisme individuel, et à la transmission des traumatismes de guerre et de génocide.

IV- APPROCHES THÉRAPEUTIQUES ET PRATIQUES

10. Alejandro Jodorowsky – Métagénéalogie : la famille, un trésor et un piège (Albin Michel, 2011)

Pourquoi le lire : Alejandro Jodorowsky, artiste et thérapeute inclassable, propose une approche créative et spirituelle de la psychogénéalogie. Il a développé la notion de psychomagie, des actes symboliques destinés à dénouer les blocages transgénérationnels. Son style est poétique, provocateur, parfois excessif, mais toujours stimulant.

Ce que vous y trouverez : Des outils concrets pour travailler sur son arbre généalogique (exercices, rituels, visualisations), une approche qui mêle psychologie, art et spiritualité, des exemples de transformations spectaculaires obtenues par des actes symboliques.

À qui s'adresse-t-il : Aux lecteurs ouverts à une approche non conventionnelle, créative et intuitive de la psychogénéalogie. Pas pour les esprits trop cartésiens, mais riche en inspiration pour ceux qui veulent expérimenter.

11. Chantal Rialland – Cette famille qui vit en nous (Robert Laffont, 1994)

Pourquoi le lire : Chantal Rialland, psychogénéalogiste et thérapeute, propose une approche douce et accessible de la transmission familiale. Elle guide le lecteur dans l'exploration de son arbre, avec des exercices pratiques, des questionnaires, des pistes de réflexion. Son livre est un excellent complément pratique aux ouvrages plus théoriques.

Ce que vous y trouverez : Des outils pour identifier ses loyautés invisibles, pour comprendre les répétitions familiales, pour se libérer des injonctions transgénérationnelles. Un ton bienveillant, pédagogique, rassurant.

À qui s'adresse-t-il : À tous ceux qui veulent un guide pratique pour faire leur propre travail transgénérationnel, seuls ou en complément d'une thérapie.

12. Vincent de Gaulejac – L'Histoire en héritage : roman familial et trajectoire sociale (Desclée de Brouwer, 1999)

Pourquoi le lire : Vincent de Gaulejac, sociologue et psychosociologue, montre comment l'héritage familial détermine nos trajectoires sociales. Il analyse les liens entre psychisme individuel, histoire familiale et position sociale. Son approche articule psychanalyse et sociologie, offrant une vision globale de la transmission.

Ce que vous y trouverez : Des études de cas sur les héritages sociaux et psychiques, une réflexion sur la reproduction sociale, des pistes pour sortir des déterminismes familiaux et sociaux.

À qui s'adresse-t-il : Aux lecteurs qui veulent comprendre comment leur histoire familiale a influencé leur position sociale, leur rapport au travail, à l'argent, à la réussite.

VI- POUR ALLER ENCORE PLUS LOIN : DOCUMENTAIRES ET PODCASTS

13. Secrets de famille, l'héritage invisible, Documentaire

Réalisé en France en 2019 par Aude Rouaux et Marie Garreau de Labarre
Écrit par Aude Rouaux, Marie Garreau de Labarre

Un documentaire poignant sur plusieurs familles qui découvrent des secrets lourds (adoption, paternité cachée, suicide) et qui décident de briser le silence. Témoignages bouleversants et éclairants sur les effets de la révélation des secrets.

14. Qu'est-ce que l'épigénétique ?

Cette discipline étudie comment des événements vécus par nos ancêtres peuvent modifier l'expression de nos gènes et se transmettre aux générations suivantes.

Ces modifications n'altèrent pas l'ADN lui-même, mais elles peuvent être transmises au fil du temps — parfois même d'une génération à l'autre. La bonne nouvelle ? Contrairement aux mutations génétiques, ces changements sont souvent réversibles.

Pour approfondir ses connaissances sur l'épigénétique : https://www.inserm.fr/dossier/epigenetique/